Henner Kotte **Versicherung zahlt!**

Henner Kotte

Versicherung zahlt!

Zwei aufsehenerregende Kriminalfälle
aus Sachsen

Bild und Heimat

Von Henner Kotte liegen bei Bild und Heimat außerdem vor:

Bonnie & Clyde vom Sachsenplatz und zwei weitere Verbrechen (Blutiger Osten, 2018)

Falsche Ideale. Fünf wahre Verbrechen (Blutiger Osten, 2019)

Ministermord unter der Augustusbrücke. Ein historischer Kriminalfall aus Dresden (Blutiger Osten, 2019)

Populäre Sächsische Legenden (2019)

Die vermauerte Frau. Wahre Verbrechen aus Leipzig (Blutiger Osten, 2020)

Jugend mit aller Gewalt. Sechs authentische Kriminalfälle aus Sachsen (Blutiger Osten, 2021)

Der Opfermord von Belmsdorf und zwei weitere authentische Kriminalfälle aus der Oberlausitz (Blutiger Osten, 2021)

Die Tote aus dem Zöffelpark und zwei weitere authentische Kriminalfälle aus der Region Chemnitz (Blutiger Osten, 2021)

ISBN 978-3-95958-325-1

1. Auflage
© 2022 by BEBUG mbH / Bild und Heimat, Berlin
Umschlaggestaltung: capa
Umschlagabbildung: Chris Keller / bobsairport
Druck und Bindung: CPI Moravia Books s. r. o.

In Kooperation mit der SUPERillu

www.superillu-shop.de

Inhalt

Gegen jedes Risiko

Unfall, Krimi, Versicherungsverträge und -betrüger

Es ist seit je der Wunsch des Menschen, für nicht selbst verursachten Schaden finanziellen Ausgleich zu erhalten. So schlossen sich Bevölkerungsgruppen von alters her in Vorsorge- und Risikogemeinschaften zusammen, um die Kosten von Wiederaufbau und Ersatz gemeinsam zu tragen, sie standen füreinander ein. Bereits 3.000 Jahre vor unserer Zeitenrechnung verlangten griechische Schiffer von den Händlern *Seedarlehen*, das sie bei erfolgreichem Warentransport zurückgaben, bei Wetterunbill und unvorhersehbaren Katastrophen aber einbehielten. Vergleichbar einer Mietkaution von heute. Mittelalterliche Gilden und Zünfte sorgten nicht nur für Marken- und Handwerksschutz, sondern unterstützen die in Not geratenen Familien ihrer Brüder bei Krankheit, Raub, Brand- oder Todesfall. Auf 1591 datieren die Verträge der Hamburger Brauereien, die bei einem Feuerausbruch für den Geschädigten zahlten. Zwar hatte der Papst das Kredit- und Versicherungswesen 1234 verboten, doch fasste es in der Wirtschaft mehr und mehr Raum, wurde alsbald zu einem Geschäft, mit dem sich auch gut Geld verdienen ließ. Nach englischem Vorbild gründete sich 1676 die noch heute existente *Hamburger Feuerversicherungskasse*. Preußenkönig Friedrich Wilhelm I. initiierte 1718 die *Berliner Feuersozietät* mit dem Ziel der »ständigen Erhaltung der Gebäude«.

Versicherungen für Unwetter, Brand- und Unfallschäden sind für jeden Bürger angeraten und nützlich, manchmal auch gesetzlich vorgeschrieben wie bei Rente, Krankheit oder Pflege. Aber vorsorgen konnten Willige fortan bei jeder Art denkbaren oder eingebildeten Schaden: Versichert wird gegen unbefleckte Empfängnis, den Entzug des Feierabendbiers oder das Lotto-Pech, Funklöcher, den Bundesligaabstieg oder einen väterlichen Ohnmachtsanfall im Kreißsaal. Auch Körperteile kann man schützen lassen, wenn man eine Versicherungsgesellschaft findet, die das Risiko denn tragen möchte und sich über die monatlichem Prämien freut: *Lloyds* versicherte 1935 Marlene Dietrichs Beine im Schadensfalle für 1,7 Millionen Dollar. Keith Richards erhielt 1,2 Millionen Dollar Krankengeld für den Bruch des kleinen Fingers. Madonna versicherte ihre Brüste, Tom Jones seine Haare, Julia Roberts ihr Lächeln. 50 Millionen kostet Janet Jacksons Po, Jennifer Lopez 425 Millionen im Ganzen und Mariah Carrey gar eine Milliarde.

Doch auch das Versicherungsgeschäft birgt Risiken, alsbald erkannten Clevere die Lücken im System. Die Versicherungssummen aus den abgeschlossenen Verträgen waren einklagbar, wenn eine Selbstbeteiligung nicht nachweisbar. So könnte man Schäden verursachen oder diese einfach nur behaupten, um die Prämien zu kassieren. Einen Brand könnte man selber legen oder einen Autounfall eigens inszenieren, der eigene Tod war vorzutäuschen, oder ein Mord war als Unfall zu tarnen. Die Fälle spektakulären Versicherungsbetrugs, sie sind unzählbar und machen vor keiner sozialen Gruppe halt. Einige haben Kriminalgeschichte geschrieben: Als einer der Ersten gilt der Fall des Peter Zybach: Der Grimselwirt fackelte am 5. November 1852 seine Herberge in den Schweizer Alpen ab. Inventar und Wertsachen waren längst außer Haus und gut versteckt, wurden aber als Verlust gemeldet. Zybach wurde zum Tode verurteilt und begnadigt. Die *Thomas-Katastrophe* sprengte am 11. Dezember 1875 das Auswandererschiff *Mosel* und forderte dreiundachtzig Menschenleben. Der in finanzielle Bedrängnis geratene Kanadier Alexander Keith wollte die Versicherungssumme vom Vereinigten Königreich kassieren. Londons *Badewannenmörder* George J. Smith ertränkte am 18. Dezember 1914 seine Gattin, die er drei Stunden zuvor versichert hatte, und das war bereits sein dritter Mord. Am 22. Februar 1933 täuschten fünf Saufkumpane den Selbstmord des obdachlosen Michael Malloy vor, nachdem sie auf dessen Leben Versicherungspolicen abgeschlossen hatten. Man verriet sich beim Streit um die Aufteilung der Beute.

Die Gesetze der deutschen Gegenwart besagen: »Versicherungsbetrug sind alle Handlungen, mit denen Versicherungsnehmer oder Dritte von einem Versicherungsunternehmen in betrügerischer Absicht Versicherungsleistungen beanspruchen. Die entspricht dem allgemeinen Tatbestand des Betruges nach § 263 StGB. Der Tatbestand des Versicherungsmissbrauchs nach § 265 StGB umfasst die Tathandlung, dass eine versicherte Sache beschädigt oder zerstört wird. Versicherungsbetrug als eigenständigen Tatbestand gibt es nicht mehr.« Der Alltag macht die Schwelle zur strafbaren Handlung niedrig, und Beispiele schamloser Dreistigkeit von Pflege- und Rentenversicherungsbetrug erschüttern. Bis hinauf in höchste Kreise von Politik und Wirtschaft weisen die Täterspuren, ob Maskendeal, Immobilienvermittlung oder ein gutes Wort im Parlament. Gefälligkeiten werden von Unternehmen, Mafiosi oder Oligarchen hoch vergütet. Am 23. Januar 1977 sank im Indischen Ozean der Massengutfrachter *Lucona*, wobei sechs Mitglieder der Besatzung starben. Die Ermittlungen führten in die Wiener Halbwelt und in den Parteiensumpf. Die *Lucona-Affäre* gilt bis heute als größter politischer Skandal Österreichs in der Zweiten Republik. »Ein Großteil des Versicherungsbetruges geht jedoch von gewöhnlichen Versicherungskunden aus, die nur ein- oder zweimal in ihrem Leben eine Versicherung um einen relativ geringen Betrag betrügen. Die genaue Zahl der Betrüger sowie der genauen Schäden lässt sich nicht exakt bestimmen. In anonymen Interviews gab über ein Viertel der Befragten an, gegenüber ihrem Versicherer mindestens in einem Fall falsche Angaben gemacht zu haben.« Andererseits schwatzen die Versicherer den Kunden sittenwidrige, sinn- und wertlose Verträge auf, die den eingetretenen Schaden nicht entschädigen.

Keine Frage, das sind Themen, die wie gemacht sind für Kriminalliteratur und -film. Oft fußen die Geschichten auf wahrem Betrugsgeschehen: So orientiert sich Jack Golds Film an den Fakten des Sachbuchs von Hans Pretterebner »*Der Fall Lucona*. Ost-Spionage, Korruption und Mord im Dunstkreis der Regierungsspitze« (1987/1993). Umbenamt sind die Akteure und werden von David Suchet, Jürgen Prochnow und Franco Nero gespielt. Curd Jürgens gibt den Kapitän, der aus Liebe seinen Frachter sprengen will, doch *Der Sturm bricht los* (1958), bevor er handeln kann. *Der große Verhau* (1970) verlegt die Masche von Hitchcocks betrügerischen *Riff-Piraten* (1939) in die Zukunft, in der dann Raumschiffe gekidnappt werden. Eine vergessene Genre-Perle von Alexander Kluge. Nicole Kidman gibt die arme Tracy Safian, der vom leicht angetrunken Arzt die Eierstöcke herausgeschnitten werden. Sie verklagt den Operateur, und die Versicherung muss zahlen. Doch ist *Malice – Eine Intrige* (1993). Ein Autounfall lähmt angeblich Hütchenspieler Papu. Nach ausgezahlter Versicherungssumme möchte der in Lourdes *Das Wunder des Papu* (1987) erleben und wieder aufrecht durchs Leben gehen. Eine französische Komödie von Jean-Pierre Mocky mit Jean Poiret und Michel Serrault. In Billy Wilders Film *Der Glückspilz* (1966) versuchen (*Oscar*-gekrönt) Walter Matthau und Jack Lemon aus einem Sportunfall eine Million Dollar Kapital zu schlagen. Der Betroffene täuscht seine Lähmung vor und überzeugt in dreieinhalb Minuten mit einem bravourösen Rollstuhlballett. Doch letztendlich scheitern die Ganoven, weil bereits Abraham Lincoln wusste: »Man kann einigen Menschen eine Zeit lang etwas vormachen. Aber alle Zeit allen Menschen etwas vorzumachen, ist unmöglich!«

Totsicher sendete der *Polizeiruf 110* erst 1998, denn im Krimi der DDR spielen Versicherungsverbrechen keine Rolle. Es gab ab 1952 konkurrenzlos nur eine Assekuranz, die Privatkunden finanziell zu entschädigen vermochte: die *Staatliche Versicherung der DDR*. Ihre Einheitswerte waren überschaubar, und Sonderwünschen wurde selten stattgegeben. Die Zahl privater Unternehmen war gering. Entwendetes Volkseigentum wurde Kollektiven ersetzt, Diebe konnten sich nicht an der Versicherungssumme bereichern. Im West-TV dagegen warnte die Sendung *Nepper, Schlepper, Bauernfänger* mehrmals vor unseriösen Vertretern und Verträgen, und auch die *Tatort*-Kommissare vermuteten immer mal wieder Versicherungsbetrug als Mordmotiv. Kommissar Lutz stößt auf das *Kennwort: Fähre* (1972). Den Kollegen in München werden Fahrzeuge *Als gestohlen gemeldet* (1975), und *Das zweite Geständnis* (1975) enthüllt einen Versicherungsbetrug. Kommissar Haferkamp ermittelt u. a. in *Schweigegeld* (1979) und *Schussfahrt* (1980) zum Delikt. Und *Aus der Traum* (1986) stellte Karin Anselm fest, nachdem sie zwischen Spedition, Bühnenbrettern und unsauberen Finanzen ermittelt hatte. Reine *Habgier* (1999) konstatieren Brockmöller und Stöver. *Wo ist Max Gravert* (2005) fragten die Geprellten und wollen am unseriösen Versicherungsvertreter Rache nehmen. Auch im Fall *Falscher Hase* (2019) wurde die Versicherung betrogen, ebenso beim *Toten im Nachtzug* (2011) oder *Auge um Auge* (2017): »Deutschland ist ein Land der Versicherungen. Alle wollen sich gegen alles absichern. Gegen Glasbruch genauso wie gegen Fahrraddiebstahl oder eben auch für den Fall, dass man plötzlich nicht mehr arbeiten kann.«

Diesen gezeigten Hochstapeleien und Verbrechen steht die Kriminalliteratur nicht nach: In ihr ist als Mordmotiv der Versicherungsbetrug seit je gebräuchlich: *Das Mysterium von Notting Hill* (1865) von Charles Warren Adams gilt noch vor E.A. Poe, Emile Gaboriau und Conan Doyle als der erste (klassische) Kriminalroman in der Literaturgeschichte. »Der Ermittler Mr. Henderson, beauftragt von der *Life Insurance Association*, soll herausfinden, ob Baron R**, ein begabter Chemiker, seine Frau vergiftet hat – sie starb an einem Becher Säure. Ihre fünffache Lebensversicherung erhärtet den Verdacht.« Von einem Freund wird Agatha Christies Hercule Poirot gebeten, *Die Tragödie von Mardsen Manor* (1924) aufzuklären, nachdem Mr. Maltravers hochversichert an inneren Blutungen verstarb. *Auf doppelter Spur* (1963) ermittelt der Detektiv, als man beim toten Colin Lamb die Karte des nicht existenten Versicherungsvertreters R.H. Curry findet. Im *Gesetz der Vier* (1921) lässt Edgar Wallace Versicherungsdetektive erzählen. Während *Die toten Augen von London* (1924) finanzkräftige Klienten morden, die bei Rechtsanwalt Stephen Judd versichert waren. Der Film von Alfred Vohrer 1961 mit Joachim Fuchsberger, Karin Baal, Eddi Arendt und dem *blinden Jack* Adi Berber verursacht auch noch heute angenehmen Grusel. Bei James Hadley Chase gibt es *Keine Versicherung gegen Mord* (1963): »Lebensversicherungen kann man beleihen, und wer wie Phil Barlowe eine hübsche junge Frau hat, braucht Geld. Also lässt er sich versichern – ohne zu ahnen, dass seine Frau Meg und der Versicherungsvertreter gemeinsam schon seinen Tod ins Auge fassen. Aber auch Meg weiß nicht alles, zum Beispiel, dass ihr Mann ein fieberhaft gesuchter Mörder ist.« Eine *Tödliche Versicherung* (2005) gibt Edwin Klein. *Gut versichert* (2011) ist Phil Hammerstein. Martin Mucha findet *Die Lebensversicherung im Plastiksackerl* (2015). Versichert wird, dass Versicherungen auch weiterhin das Genre prägen.

Romanvorlagen und Schlagzeilen liefern Versicherungsbetrüger auch realiter immer wieder: »Als ein Kieler während eines Bootsausflugs verschwindet, ist der Polizei schnell klar, dass sie es wahrscheinlich nicht mit einem tödlichen Unfall, sondern mit Versicherungsbetrug zu tun hat. Bei den Ermittlungen beweist ein Polizist ein gutes Auge.

Zwei Stunden suchen Polizisten am 7. Mai 2020 in einer alten Stadtvilla im niedersächsischen Schwarmstedt nach einem mutmaßlichen Betrüger. Dann leuchtet ein Beamter auf dem Dachboden mit seiner Taschenlampe herum. Er hat dabei ein Aufblitzen gesehen, sagt ein Ermittler der Kieler Polizei. Beim genauen Hinsehen hat der Kollege erkannt, dass es ein Ehering an einer Hand war. Wenige Augenblicke später nehmen Polizisten den 52 Jahre alten Kieler fest.« Am 7. Oktober 2017 soll »ein Mieter in Leipzig eine Explosion verursacht haben, um Geld von der Hausratsversicherung abzukassieren. Die Staatsanwaltschaft hat nun Anklage wegen versuchten Mordes erhoben. Bei der Detonation waren vier Menschen zum Teil schwer verletzt worden.« Wuppertal, April 2003, nach dem Fund einer unbekannten Frauenleiche im griechischen Pella: »Als Täter wird derzeit ein ehemaliges Gastronomen-Paar verdächtigt. Die beiden mutmaßlichen Mörder betrieben über viele Jahre eine Kneipe in Wuppertal im Stadtteil Langerfeld. Nachdem die Geschäfte nicht mehr gut liefen, verließ das Paar Deutschland in Richtung Griechenland. Das Perfideste war aber der Plan, Geld aus einer Lebensversicherung zu kassieren. Zu diesem Zweck schlossen die Gastronomen eine Lebensversicherung auf die Ehefrau ab. Angedacht war dabei, deren Tod vorzutäuschen und eine Summe in Höhe von 1,5 Millionen Euro zu kassieren. Umgesetzt werden sollte dies durch einen Mord an einer Person, die der Ehefrau möglichst ähnlich sah.« Fachleute hegten und hegen immer wieder Zweifel und verweigerten die Zahlung. Versicherungs- und Privatdetektive ermitteln und stellen, wenn unrechtes Verhalten nachgewiesen, Anzeige bei der Polizei. »Im privaten und auch im gewerblichen Bereich stellen die Versicherer aktuell vermehrt Betrügereien fest. Als Grund nennt der Versicherungsverband GDV die wirtschaftlichen Folgen der Corona-Pandemie. Jeder zehnte Versicherungsfall ist laut einer aktuellen GDV-Analyse zumindest dubios.«

Die zwei Fälle im vorliegenden Buch ereigneten sich in Sachsen vor mehr als hundert Jahren, und wären sie nicht wahr, sie wären gute Kriminalromane. Auch damals zogen die Ermittler Versicherungsbetrug als Tatmotiv in Betracht und wiesen ihn nach (oder nicht). Die Neuerzählung der Verbrechen fußt auf Akten, Reportagen und damaligen Pitaval-Geschichten. Die Verbrechen geben ein getreuliches Abbild der Verhältnisse und Zeiten und lassen zu den Schlagzeilen der Gegenwart erstaunliche Parallelen sichtbar werden. »Es ist einmal so die Mode in der Welt, daß die Guten durch die Bösen schattiert werden und die Tugend im Contrast mit dem Laster das lebendigste Colorit erhält. Wer sich den Zweck vorgezeichnet hat, das Laster zu stürzen und Religion, Moral und bürgerliche Gesetze an ihren Feinden zu rächen, ein solcher muß das Laster in seiner nackten Abscheulichkeit enthüllen und in seiner kolossalischen Größe vor das Auge der Menschheit stellen«, meinte Friedrich Schiller. Und das meinen auch wir.

Laubfrosch in Flammen

Die Unfallversicherung des Kurt Erich Tetzner, Leipzig 1929

Die Fakten wurden 2015 ermittelt: »Knapp die Hälfte der Autobesitzer in Deutschland (47 %) haben auch ein Traumauto – egal, ob in der Garage oder auf einer Wunschliste. Bei den Jüngeren haben sogar fast zwei Drittel (63 %), ein bestimmtes Lieblingsgefährt vor Augen. Unter den Traumautos befinden sich vor allem deutsche Marken (6 %). Laut Studie stehen in der Gunst vorrangig Modelle der Firma Audi (18 %) und BMW (15 %). Jeder zehnte Autobesitzer hierzulande schwärmt für einen Mercedes (11 %), einen Porsche (11 %) oder einen VW (10 %). Gut ein Drittel (36 %) hält es für realistisch, sich den Wunsch auf vier Rädern einmal leisten zu können. 54 %gehen davon aus, dass sie auf ihr Traumauto ewig verzichten müssen. In allen Altersgruppen wird jedoch ersichtlich, dass es die deutschen Autofahrer gerne gehoben mögen: Jeder zweite gibt an (51 %), die (obere) Mittelklasse besonders attraktiv zu finden. Dazu zählen zum Beispiel Modelle wie der BMW 5er, der Audi A6 und die Mercedes-Benz E-Klasse. Insbesondere in der jüngeren Altersgruppe spielen Stilfragen eine große Rolle. Demnach ›fahren‹ 59 %vor allem auf Sportwagen ab, mehr als ein Drittel kämen bei Oldtimern in Versuchung (38 %). Unter den 30- bis 44-Jährigen sind zudem Geländewagen oder SUV sehr begehrt (41 %).«

Auch 1929 träumten junge Männer von Maschinen, mit denen sie sich selbst und andere beeindrucken konnten. Kurt Erich Tetzner war in Oelsnitz geboren, fünfundzwanzig

Jahre alt und konnte sich seine Träume leisten. Kurt Erich und seine Gattin Emma, geborene Georgi, hatten das kleine Café in Oschatz aufgegeben und versuchten mit dem Erbe der kürzlich verstorbenen Schwiegermutter einen Neustart. Vor drei Monaten waren sie Leipzig zugezogen und nahmen Wohnung in der prosperierenden Südvorstadt, Elisenstraße (heute Bernhard-Göring-Straße) 52. Das Paar bewohnte »dort ein Wohnzimmer und ein Schlafzimmer und benutzte die Küche gemeinsam mit ihrer Vermieterin. Sie wohnten dort seit Ende August, nachdem sie seit der Abreise von Oschatz sich noch einige Wochen in München aufgehalten hatten.« In Bayern hatte Kurt Erich Tetzner eine neue Anstellung gefunden, wurde Verlagsvertreter für ein »neuzeitliches Lehrmittel« und stand andererseits mit dem Bauernverband in Verhandlungen. Er »habe einen netten Eindruck gemacht und wäre immer sauber und flott gewesen. Aufgefallen ist eine gewisse Zurückhaltung, die ihm gelegentlich als ›dummstolz‹ ausgelegt wurde. Im Ganzen können die Hausbewohner nur wenig über Tetzners Lebenswandel erzählen, der allgemein als solider und in seiner Weise vornehmer Mann galt. Die Tatsache, daß er einen zweisitzigen Kraftwagen sein eigen nennen konnte, unterstrich noch die allgemeine Auffassung, daß man es mit einem gutsituierten Mann zu tun hatte.«

Als Vertreter legte Kurt Erich Tetzner Wert auf Auftritt und Erscheinen und hatte investiert. Er fuhr einen *Opel 12 PS*, ein Automobil, das auffiel. Es war ein zweisitziges Cabrio und fuhr stolze sechzig Kilometer pro Stunde Spitze. Sein Preis von 4.500 Rentenmark war im Vergleich zu andern Privatautos jener Zeit erschwinglich. Das Grundmodell wurde als erstes Kraftfahrzeug in Deutschland nach der amerikanischen Innovation des Henry Ford gefertigt: am Fließband im Werk Rüsselsheim. Der *Opel 12 PS* (zu Beginn noch als *Opel 4 PS* verkauft) avancierte alsbald zum Bestseller. Fünfundzwanzig Wagen rollten alltäglich vom Band am

Main. Von 1924 bis 1931 hatte man 120 000 davon produziert und abgesetzt. Die Werbung versprach: »Das Auto für jedermann.«

Zur Popularität des feschen Automobiles hatte auch ein Gerichtsprozess beigetragen, der vom französischen Fahrzeugbauer Antoine Citroën angestrengt worden war: Der sah im *Opel 4 PS* ein Plagiat seines seit 1922 in Serie produzierten Verkaufsschlagers *Citroën* 5CV, genannt *Citroën Trefle* (französisch für Kleeblatt). »Ein zweisitziges Cabriolet mit zwei Türen, Bugmotor und Hinterradantrieb, das ausschließlich in der Farbe Gelb geliefert wurde. Die Opel-Techniker kauften sich einige Exemplare zerlegten sie und bauten daraus ein neues Opel-Modell. Der *Opel 4 PS* wurde also exakt dem französischen Vorbild nachgebaut, wurde aber ausschließlich in grüner Farbe ausgeliefert. Und dies, ohne mit Citroën Rücksprache zu nehmen oder um Erlaubnis zu fragen, geschweige denn dafür Lizenzen zu zahlen.«

Die deutsche Justiz entschied gegen den Kläger *Citroën* aus Frankreich und begründete ihren Urteilsspruch vor allem mit der veränderten Form des Kühlergrills. Augenfälligster Unterschied zwischen den Modellen war jedoch die Farbe. Der Franzose war quittegelb lackiert. Sein deutsches Pendant kam grasgrün an den Kunden, woraufhin der Volksmund dem Automobil den Namen *Laubfrosch* gab. Spuren hat der *Opel-Laubfrosch* bis heute hinterlassen, denn fortan benutzte man das Bonmot: »Dasselbe in Grün!«

Im schnieken Automobil also fuhr Kurt Erich Tetzner bei seinen Kunden vor und entstieg bei Heimkehr auf der Elisenstraße seinem *Laubfrosch* vorm Mietshaus aus der Gründerzeit. Was für ein Auto, und was für ein Mann! *What a man! What a man! What a mighty good man!*

»Nicht ganz so einheitlich war das Urteil über Frau Tetzner. Frau Tetzner fiel in der äußeren Erscheinung immer gegen ihren immer elegant aussehenden Mann ab. Man konnte sie für etwa 28 bis 30 Jahre alt halten. Tetzner wirkte ihr gegenüber wesentlich jünger. Verschiedentlich glaubte man in Frau Tetzner eine frühere Kellnerin zu sehen. Das gab auch zu Kombinationen Anlaß. Ein Hausbewohner erklärte, er könne nicht verstehen, wie sich ein Mann mit einer solchen verlebten Frau habe verheiraten können. Man hörte in diesem Zusammenhang verschiedentlich absprechende Aeußerungen. Frau Tetzner sei dadurch aufgefallen, daß sie sich betont freijugendlich kleidete, das stand ihrer korpulenten Gestalt seltsam genug an. Etwas Nachteiliges können aber auch ihr die Hausbewohner nicht mit Bestimmtheit nachsagen. Es wird erzählt, daß das Ehepaar sich schon seit der Jugendzeit her kenne. Tetzner ist entgegen dem äußeren Anschein auch drei Jahre älter als seine erst 22 Jahre alte Frau.«

Während der Gatte aufgrund seiner Geschäfte im *Opel-Laubfrosch* durch ganz Deutschland fuhr, führte seine Frau daheim den Haushalt. »Die Vermieterin hat von den Tetzners einen günstigen Eindruck gehabt. Zwischen dem Ehepaar hat immer ein friedliches gutes Einvernehmen bestanden. Sie zeigten sich im Umgang als sehr angenehme und anständige Leute und fielen in keiner Weise auf. Man kann ihnen auch nicht nachsagen, daß sie in irgendeiner Weise verschwenderisch gewesen wären. Im Gegenteil mußte man die Auffassung gewinnen, daß das Ehepaar in durchaus geordneten Verhältnissen lebte. Obgleich die Vermieterin durch die gemeinsame Küchenbenutzung in enge Berührung mit der Frau Tetzner kam, hat sie niemals Grund bekommen, sich über die Frau Tetzner zu beklagen.

Das Ehepaar lebte ganz für sich. Besuche kamen nur ganz selten. Tetzner war, wie das sein Beruf mit sich brachte, den größten Teil des Tages unterwegs. Abends kam er immer rechtzeitig heim und ging auch abends nur in Begleitung seiner Gattin aus. Er ist infolgedessen verhältnismäßig wenig mit der Umwelt außergeschäftlich in Berührung gekommen.« Die Idylle wird durch einen Autounfall jäh zerstört. Der *Opel-Laubfrosch* steht in Flammen am Straßenrand in Bayern. Hinter dem Steuer ist eine Leiche.

Die Unfallmeldung stand tags darauf deutschlandweit in allen Zeitungen: »Ein Leipziger Kraftwagen und sein Führer bei Regensburg verbrannt – Auf der Straße zwischen Eckhardshausen und Regensburg ist der Personenkraftwagen mit dem Kennzeichen III 51033 völlig verbrannt aufgefunden worden. Unter den Trümmern des Wagens lag die unkenntliche Leiche des Wagenführers. Die Arme und Beine waren bereits abgefallen, nur Stümpfe waren zu erkennen. Auf dem verkohlten Rumpf saß der Kopf, der auch verkohlt war, und nicht größer als eine Faust war. Durch das Erkennungszeichen am Wagen bekam man heraus, daß es sich um ein Leipziger Auto handelt. Die einen meinen, der Mann habe geraucht, sei eingeschlafen und habe so das beim Tanken vielleicht übergelaufene Benzin in Brand gesetzt. Andere Stimmen werden laut, die von einem Verbrechen reden. Wie gesagt, ist die ganze traurige Geschichte bis jetzt noch in Dunkel gehüllt.«

Alsbald haben die Ermittlungen »ergeben, daß der Besitzer des Wagens, der 25 Jahre alte Geschäftsreisende Erich Kurt Tetzner aus Leipzig, Elisenstraße 52 wohnhaft, ist. Die Ehefrau Tetzners, der etwa seit einem halben Jahr den Kraftwagen fährt, hat erklärt, daß niemand anderes als ihr Ehemann als Führer des Wagens in Frage kommen könne: ihr Ehemann habe sich auch auf einer Geschäftsreise in Bayern befunden. Die Frau ist an die Unfallstelle abgereist.«

Aufgrund der Eile und des Schreckens dieser Meldung missverstand der Journalist den Ortsnamen vom Geschehen und schrieb diesen falsch: Eckhardshausen ist keine Gemeinde in der Nähe Regensburgs. Etterzhausen hieß der Unfallort. Mittlerweile zählt das Dorf zu Markt Nittendorf, und statt der Überlandstraße führt nunmehr die Autobahn A3 vorbei.

Erste polizeiliche Untersuchungen wecken Zweifel an den offensichtlichen Fakten, auch diese werden schnell publik: »Vor einigen Tagen wurde, wie bereits gemeldet, auf der Landstraße bei Regensburg in einem zweisitzigen Kraftwagen die völlig verkohlte Leiche eines Mannes aufgefunden. Nach den sofort aufgenommenen Untersuchungen handelte es sich um den verheirateten Kaufmann Kurt Erich Tetzner aus Leipzig. Zuerst mußte die Frage geklärt werden, ob hier ein Unglücksfall oder ein Verbrechen vorliegt. Da der Wagen ohne jede Beschädigung an den Randstein angefahren war, lag der Verdacht eines Verbrechens sehr nahe. Vermutlich wurde Tetzner von einem Fremden, den er zur Mitfahrt eingeladen hatte, meuchlings ermordet. Um die Spuren der Tat zu verwischen, zündete der Mörder, nachdem er das Innere des Wagens mit Benzin überschüttet hatte, das Auto an.«

Frau Emma Tetzner ist sich sicher, die verbrannte Leiche, die in Etterzhausen auf dem Tische lag und die sie identifizieren musste, ist ihr geliebter Ehemann. Wenn auch körperliche Identifikationsmerkmale seiner Person kaum noch zu erkennen sind, allein der Ring am Finger macht sie sicher: Ja, genau diesen schob sie ihm zur Hochzeit über den Finger. Jetzt ist Emma Tetzner Witwe. Aufgrund des Zustands des Verbrannten verzichten die Ermittlungsbehörden auf eine Sektion und geben die Leiche zur Bestattung frei. Frau Tetzner lässt ihren Mann nach Leipzig überführen und will den teuren Toten so schnell wie möglich unter die Erde bringen, gleichsam um die unvorhersehbare Tragik ihrer kurzen Ehe zu vergessen. Emma Tetzner übermannen die Gefühle, sie kann sich angesichts der Leiche nicht fassen, weint und weint und ist einer Ohnmacht nahe. Nach der Unterzeichnung des Protokolls ist für die Polizei der Fall geklärt, und die Akte wird geschlossen: Tod durch Unfall.

Doch Zweifel hegt man andernorts: Kurt Erich Tetzner hatte sich bei einem eventuellen Unfalltod mehrmals hoch versichern lassen. 145 000 Mark würde die untröstliche Witwe erhalten. Starb Kurt Erich Tetzner wirklich durch einen Unfall und nicht an einer unbehandelbaren Krankheit und hatte er sein nahes Ende bereits bei den Vertragsabschlüssen kommen sehen? Wäre es an dem, dann wäre das Versicherungsbetrug, und die Assekuranz müsste nicht zahlen, deshalb wird ein Versicherungsdetektiv mit Ermittlungen beauftragt.

Professor Richard Kockel war 1900 der Gründer des *Instituts für gerichtliche Medizin* an der Universität zu Leipzig und nicht nur in Medizinerkreisen eine Legende. Auch Fachfremde hörten seinen begeisternden Vorlesungen gern zu, unter anderem auch. der *In Stahlgewittern* erfahrene Autor Ernst Jünger. Richard Kockel war 1865 in Dresden geboren worden, hatte in Leipzig Medizin studiert und erfolgreich promoviert. Er wurde Assistent der Pathologie und erregte alsbald Aufmerksamkeit durch neue Färbemethoden von Gewebepräparaten für die mikroskopische Betrachtung. Infolgedessen etablierte Richard Kockel »ein breites Spektrum von Untersuchungsverfahren an seinem Institut, darunter solche, die heute direkt von speziell ausgebildeten Kriminalbeamten (Spurensicherung) oder anderen Spezialisten durchgeführt werden. Große Verdienste erwarb er sich durch die Einführung von Methoden der Histologie und der wissenschaftlichen Fotografie in die Praxis der Gerichtsmedizin. Als Sachverständiger und Gutachter in vielen Gerichtsprozessen wurde er über sein Fach hinaus bekannt. Nach langen Kämpfen 1924 setzte er die Einführung der Gerichtsmedizin als Prüfungsfach durch. Der Neubau des gerichtsmedizinischen Institutsgebäudes in Leipzig entstand auf seine Initiative bereits 1905 und wurde 1928 erweitert.«

Für Sonnabend, den 30. November 1929, war die Beerdigung von Kurt Erich Tetzner vorgesehen, doch am Morgen erschien im Leipziger *Institut* für gerichtiche Medizin ein Beamter der *Nordstern und Vaterländischen Allgemeinen Versicherungs-Aktiengesellschaft* und »berichtete, daß der verstorbene Tetzner sich erst vor kurzem bei seiner und anderen Gesellschaften zu hohen Beträgen im Falle seines Unfalltods versichert hatte. Gleichzeitig bat er, die auf dem Südfriedhof befindliche Leiche Tetzners zu sezieren, da seine Gesellschaft vermutete, Tetzner sei nicht infolge eines Unfalles gestorben bzw. verbrannt, sondern habe eine Herzlähmung erlitten, und erst unter dem Einfluß dieser schweren plötzlichen Spontanerkrankung habe sich das Unglück ereignet; vielleicht liege auch ein Selbstmord vor. Die Sache sei sehr dringlich, da die Einwilligung der Witwe zur Sektion soeben erst unter großen Schwierigkeiten erlangt worden sei, und die Beerdigung bereits in einer Stunde stattfinden werde.« So fuhr Professor Kockel eilig hinaus zum Südfriedhof.

»Auf dem Sektionstisch lag ein sehr stark verkohlter Rumpf, dem noch anhaftenden: die Halswirbelsäule nebst dem Schädelgrund, die oberen Hälften beider Oberschenkel, das untere Gelenkende des rechten Oberschenkels und Teile der Arme. Überdies befand sich bei der Leiche ein faustgroßer Teil des Gehirns.

So aussichtslos bei dem eben geschilderten Zustand der Leiche deren Sektion auch erschien, so wurde sie doch durchgeführt. Hierbei ließ sich zunächst feststellen, daß der verbrannte Körper der eines Mannes war: die männlichen Geschlechtsteile waren zwar verkohlt, in ihrer Form aber gut erhalten, noch vorhandene Schamhaare waren von ausgesprochen hell-rötlichblonder Farbe. Haupthaare waren nicht erhalten, da der gesamte behaarte Hirnschädel abgängig war.

In der Mundhöhle, im Kehlkopf und in den unteren Teilen der Luftröhre – ihr oberer Teil war durch Verbrennungen zerstört – sowie in den Bronchien lag den Schleimhäuten kein Ruß auf, das Herz enthielt eine geringe Menge dickflüssigen, mit Klumpen untermischten Blutes. Im Übrigen waren fast sämtliche Organe durch die Hitzeeinwirkung gekocht, mit Ausnahme des basalen Teils des rechten unteren Lungenlappens, der, ebenso wie das Herzblut, für spätere Untersuchungen aufbewahrt wurde.

Beim Durchsägen des einigermaßen erhaltenen linken Oberarmkopfes stieß man auf eine noch deutlich erkennbare, als Rest der Epiphysenlinie zu deutende Knochenleiste; der rechte Oberarmkopf war durch Verkohlung zerstört. Die Bruchflächen der beiden Oberschenkelknochen saßen in deren Mitte und waren unregelmäßig gestaltet, die eine von ihnen war größtenteils frei von Calcinierungserscheinungen (Veränderungen durch Erhitzung) und von Verkohlungen. Der Unterkiefer fehlte fast völlig, das Obergebiß war durch die Hitzeeinwirkung zum größten Teil zerstört, die oberen Weisheitszähne fehlten, ihre Alveolarfortsätze (Zahntaschen) waren geschwunden. Der ganze Knochenbau des Verbrannten war für einen Mann ungewöhnlich zart und entsprach vielmehr einer weiblichen Person.

Während der Sektion kamen mir Bedenken, ob die Leiche überhaupt die Tetzners wäre, und ich ließ mir von dem mitanwesenden Versicherungsbeamten, der seinerseits keine solchen Zweifel hegte, aus seinen Akten die Personenbeschreibung Tetzners vorlegen. Aus dieser war zu ersehen, daß Tetzner 25 Jahre alt, 170 cm groß, kräftig gebaut war und dunkelblondes Haupthaar hatte.

Mit diesem Signalement Tetzners standen also die Leichenbefunde größtenteils in Widerspruch, denn der Tote war ein zierlicher, zart gebauter Mann, dessen Alter in Rücksicht auf die knöchernen Reste der Epiphysenleiste sehr wahrscheinlich nicht mehr als 22 Jahre betrug, und der – selbst, wenn man die Hitzeeinwirkung berücksichtigt – höchstwahrscheinlich entsprechend den hell-rötlichblonden Schamhaaren gleichfarbiges Haupthaar besessen hatte.

Die nach der Sektion vorgenommene spektroskopische und chemische Untersuchung des Herzblutes der Leiche ergab keinen Kohlenoxydgehalt; die mikroskopische Untersuchung der aufbewahrten Lungenteile an Gefrierschnitten mit Hilfe der Sudanfärbung (Sudanstoffe werden in der Histologie zur Färbung verwendet, wobei sich die Fettspezifität der Färbung bei den verschiedenen Farbstoffen unterscheidet) ließ eine zwar nicht starke, aber völlig einwandfreie Fettembolie (Zeichen für Gewalteinwirkung) erkennen.

Aus dem Fehlen von Ruß in den Luftwegen und dem Fehlen von Kohlenoxyd im Blut war abzuleiten, daß die Verbrennung nicht bei Lebzeiten erfolgt war, sondern erst nach dem Tode, und aus der Fettembolie in den Lungengefäßen, daß der Verbrannte bei Lebzeiten Verletzungen erlitten hatte. Ferner schien es ausgeschlossen, daß die fehlenden Körperteile restlos verbrannt sein könnten, es mußte vielmehr damit gerechnet werden, daß die Teile der Gliedmaßen und des Schädeldaches beseitigt worden waren, um die Ermittlung der Körpergröße und der Farbe des Haupthaares unmöglich zu machen. Mit anderen Worten: der von mir Sezierte war gewaltsam getötet, verstümmelt und dann verbrannt worden.

Von den genannten Befunden und von meiner Auffassung, daß die von mir sezierte Leiche nicht die des angeblich verunglückten Tetzner sei, habe ich noch am Tage der Sektion die Leipziger Kriminalpolizei in Kenntnis gesetzt, die nunmehr ihre Erörterungen aufnahm.«

Dass die Polizei nunmehr in Sachen Unfalltod des Kurt Erich Tetzner ermittelt, war nicht unbemerkt geblieben, und die Fakten aus dem gerichtsmedizinischen Gutachten von Professors Richard Kockel wurden schnell publik, sprachen sich wie ein Lauffeuer herum. Täglich berichten Zeitungen vom Fortgang der Ermittlungen. Die Journalisten befragen Zeugen, Bekannte und Nachbarn.

Die Medien berichteten über jede Entwicklung meist bereits auf Seite eins und in Übergröße mit reißerischen Überschriften. Fast täglich gab es neue Wendungen, die folgende unglaublicher als die vorhergegangene.

4. Dezember 1929: »Unter schwerem Verdacht – Mord, um die Versicherung zu betrügen? – Der Leipziger Vertreter Kurt Erich Tetzner der Täter? – Wie jetzt bekannt wird, soll hier ein raffinierter Versicherungsbetrug inszeniert worden sein. Um seine junge Frau in den Besitz einer hohen Versicherungssumme zu setzen, um die er sich erst vor vier Wochen bei einem bekannten Konzern aufnehmen ließ, soll Tetzner, wie unser Augsburger Mitarbeiter drahtet, einen Landstreicher zur Mitfahrt eingeladen, ermordet und samt Auto verbrannt haben. Der Ermordete, dessen Verschwinden längere Zeit nicht bemerkt worden war, sollte seine Person vortäuschen. Tetzner soll ins Ausland geflüchtet sein.

Aus Regensburg gehen uns zu dieser zunächst kaum glaublich klingenden Meldung weiter folgende Einzelheiten zu:

Am 26. November wurde auf der Landstraße Etterzhausen-Regensburg ein verbrannter Kraftwagen mit dem Kennzeichen III 51033 und in ihm die vollkommen verkohlte eines Menschen gefunden. Als der Besitzer des Wagens wurde nach dem Kennzeichen leicht der Leipziger Kaufmann Kurt Erich Tetzner ermittelt. Man war zunächst der Meinung, daß es sich um einen Unglücksfall handle und benachrichtigte die Ehefrau des Kaufmanns, die ihren Mann auch wiederzuerkennen glaubte.

Tatsächlich war dies allerdings unmöglich, die Ueberreste waren völlig unkenntlich. Bald stieg der Verdacht auf, daß es sich nicht um einen Unglücksfall, sondern um ein Verbrechen handeln müsse. Der Kraftwagen stand am Straßenrand und nichts wies auf einen Unglücksfall hin, der etwa zu einer so folgenschweren Explosion hätte führen können, daß Tetzner rettungslos dem Flammentod preisgegeben gewesen wäre. Man glaubte zunächst an ein Verbrechen, daß an Tetzner vielleicht von einer Person verübt worden sei, die er auf der Fahrt über Land mitgenommen hätte.

Nach und nach entstand aber immer stärker die Vermutung, daß Tetzner selbst den Unglücksfall vorgetäuscht hätte, daß er tatsächlich eine andere Person in den frühen Morgenstunden gelockt, ermordet, mit Benzin übergossen und verbrannt hätte. Diese Vermutungen werden angeblich durch die Tatsache unterstützt, daß Tetzner kurze Zeit vorher eine sehr hohe Lebensversicherung zugunsten seiner Frau eingegangen haben soll. Vor dem 26. November hat sich Tetzner mit seinem Kraftwagen in München aufgehalten und dort angeblich Geschäfte abgewickelt.

Sofort nach Auftauchen des Verdachts haben sowohl die Staatsanwaltschaft Regensburg als auch die Leipziger Kriminalpolizei umfangeiche Erörterungen aufgenommen. Man ist bei der Staatsanwaltschaft Regensburg davon überzeugt, daß es sich um ein Verbrechen handelt, doch glaubt man vorerst keine nähere Auskunft geben zu können, da die Untersuchung noch nicht abgeschlossen ist.

Als die Leipziger Kriminalpolizei erfuhr, daß der Verdacht, der gegen Tetzner vorliegt, durch Pressemeldungen bekannt geworden sei, veranlaßte sie sofort die Vorläufige Festnahme der Frau Tetzner, deren Briefwechsel schon längere Zeit überwacht worden war. Die Frau bestritt, daß sie irgendwie an einem Betrug oder Verbrechen ihres Mannes beteiligt sei. Sie halte es auch für ausgeschlossen, daß ihr Mann noch lebe und könne nichts anderes sagen, als daß die ihr im Kraftwagen gezeigte, verkohlte Leiche die ihres Mannes sei. Frau Tetzner wurde nach der Vernehmung wieder auf freien Fuß gesetzt.

Von dem Kaufmann Tetzner erfährt man, daß er früher Besitzer eines Kaffeehauses in Oschatz war. Er verkaufte dies und übersiedelte nach Leipzig, wo er die Vertretung eines Münchener Verlages übernahm. Erst in jüngster Zeit ging er bei drei Versicherungsgesellschaften die hohe Versicherung über

145.000 Mark ein, die seiner Frau ausgezahlt werden sollten, falls er durch Unglücksfall ums Leben komme. Von den Versicherungsgesellschaften tauchte dann nach dem 26. November auch der erste Verdacht auf, daß es sich nicht um einen Unglücksfall handeln könne. Von Tetzner, der nach der Auffassung der Staatsanwaltschaft Regensburg ins Ausland geflüchtet ist, wird folgende Beschreibung gegeben: Etwa 25 Jahre alt, 170 Meter groß, kräftig, bartlos, dunkelblonde Haare, gesundes Aussehen. Er trug bei der Abreise von Leipzig braunen Filzhut, zweireihigen Anzug, ebenfalls einen Mantel mit Gürtel, weißen Stehkragen und schwarze Lack-Halbschuhe.«

Meldungen über Kurt Tetzners Verbleib gehen bei der Polizei nicht ein. Doch wenn das Verbrechen so verlaufen ist wie vermutet, wird Kurt Erich Tetzner mit seiner Frau Kontakt aufnehmen müssen. Fortan steht jeder Schritt Emma Tetzners unter polizeilicher Beobachtung. Auch beim Nachbarn in der Elisenstraße 52 haben die Ermittler Quartier bezogen, in der Wohnung, die einen Telefonanschluss besitzt. Alle Arten möglicher Kontaktaufnahme werden kontrolliert. Emma Tetzner ahnt nichts. Die Maßnahmen führen auf spektakuläre Weise zum Erfolg.

5. Dezember 1929: »Tetzner in Straßburg verhaftet – Ein Mörder telephoniert an seine Frau – Der Leipziger Vertreter Kurt Erich Tetzner, der, wie wir in unserer Ausgabe am Mittwoch berichteten, auf der Landstraße bei Regensburg seinen Tod im Kraftwagen vorgetäuscht hatte, um seine Ehefrau in den Besitz der 145.000 Mk. hohen Lebensversicherungssumme gelangen zu lassen, wurde am Mittwochnachmittag ½ 6 Uhr in Straßburg verhaftet. Die Ehefrau, die als Mitwisserin in Frage kommt, ist bereits am Mittwochvormittag in ihrer Leipziger Wohnung verhaftet worden und hat dem Leiter der Leipziger Kriminalpolizei, Oberregierungsrat Dr. Heiland, ein volles Geständnis abgelegt. Die verhaftete Frau Tetzner, die die im Kraftwagen verbrannte Leiche bei

Regensburg als die ihres Gatten bezeichnet und diese in Leipzig bestattet hatte, wird nach Regensburg übergeführt werden. Der Leipziger Regierungsrat von Criegern verfolgt die Spur Tetzners im Flugzeug – Das Ferngespräch aus Straßburg – ein ähnlicher Versuch bei Ingolstadt – Auch die Schwiegermutter kurz vor dem Tode hoch versichert – Frau Tetzner hat ein volles Geständnis abgelegt«, lauten die Kurznachrichten auf dem Titelblatt.

Ab Seite drei ff. sind die Berichte ausführlicher: »Man darf der Leipziger Kriminalpolizei zu dem glücklichen Griff vom Mittwoch gratulieren! Dank der umfangreichen Maßnahmen, die Oberregierungsrat Dr. Heiland traf, ist es schon nach wenigen Tagen geglückt, ein äußerst raffiniert angelegtes Verbrechen zu klären, ein Verbrechen, das in seiner Abscheulichkeit um Geldes Willen ausgeführt wurde, in seiner Durchführung glücklicherweise selten dasteht.

Unter der Ueberschrift ›Unter schwerem Verdacht‹ berichteten wir, daß der Kaufmann Kurt Erich Tetzner aus Leipzig im Verdacht steht, auf einer Landstraße bei Regensburg einen Mann zur Mitfahrt in seinem zweisitzigen Kraftwagen eingeladen und auf dieser Fahrt ermordet zu haben. Es wird angenommen, daß Tetzner nach der Tat das Innere des Wagens mit Benzin übergossen und dann angebrannt hat. Die Leiche wurde vollkommen verkohlt vorgefunden und man glaubte zunächst, daß es sich um die Leiche des Kaufmanns Kurt Erich Tetzner handle, an dessen Wagen die Leipziger Erkennungsnummer noch zu sehen war. Auch die Ehefrau gab an, ihren Mann wiederzuerkennen. Nachträglich wurde aber, wie wir ebenfalls berichteten, Verdacht geschöpft, daß Tetzner sich noch am Leben befindet und die Tat ausgeführt hat, um die hohe Lebensversicherung über 145.000 Mark, die er in letzter Zeit beschlossen hatte, an seine Frau gelangen zu lassen. Dieser Verdacht hat sich bestätigt, Tetzner wurde am Mittwoch in Straßburg verhaftet.

Wie sich der Täter verriet.

Die Leipziger Kriminalpolizei hatte sofort nach dem Auftauchen des Verdachts eine scharfe Ueberwachung der Ehefrau des Verdächtigen angeordnet. Ohne, daß die Frau es merkte, folgten ihr ständig mehrere Kriminalbeamte, und auch während der Nacht wurde die Wohnung Tetzners beobachtet. Es wurde festgestellt, daß Tetzners früher das Telephon ihrer Nachbarsleute benutzt hatten und deshalb wurde auch dieses Telephon kontrolliert.

Selbstverständlich wurde dem Inhaber dieses Telephons davon Kenntnis gegeben, ja die Kontrolle geschah sogar mit seinem Einverständnis, denn in seiner Wohnung hielt sich ständig ein Kriminalbeamter auf. Wie geschickt und notwendig diese Anordnung war, bestätigte sich am Mittwochvormittag, als gegen 8 Uhr ein Fernsprecher läutete und Frau Tetzner von auswärts verlangt wurde. Das Gespräch kam aus Straßburg. Da der Anschlußinhaber keine Geschäftsverbindung mit diesem Ort hat, tauchte sogleich die Vermutung auf, daß nur der zur Beobachtung stehende Fall in Frage kommen könnte.

Ein Kriminalbeamter meldete sich an diesem Apparat, auf der Gegenseite meldete sich eine männliche Stimme, die als Namen ›Stranelli‹ in Straßburg angab. Der Mann in Straßburg wünschte Frau Tetzner zu sprechen, der Beamte begab sich in die Wohnung der Frau Tetzner, holte die Frau an den Apparat, ließ sie jedoch nicht sprechen, sondern fragte in ihrer Gegenwart den ›Stranelli‹ in Straßburg, ob er an Frau Tetzner etwas auszurichten habe, Frau Tetzner sei z.Zt. nicht anwesend. Durch diesen Trick beabsichtigte der Kriminalbeamte etwas von dem ›Stranelli‹ herauszubekommen, mindestens aber, ob er der Verlangten etwas ausrichten könne. Als daraufhin der Teilnehmer in Straßburg erwiderte, daß er Frau Tetzner persönlich sprechen müsse, galt es, den Teilnehmer in Straßburg festzuhalten und deshalb sagte der Kriminalbeamte, daß Frau Tetzner am Mittwochabend gegen 6 Uhr zurückerwartet werde, er möchte um diese Zeit noch einmal anrufen.

Der Kriminalbeamte verständigte sofort seine vorgesetzte Behörde, worauf Regierungsrat von Criegern sofort im Flugzeug nach Straßburg startete. Die Straßburger Kriminalpolizei wurde sogleich verständigt und ihr vor allem die Vermutung ausgesprochen, daß der ›Stranelli‹ der Name des im Kraftwagen bei Regensburg verbrannten Mitfahrers des Tetzner sein könne. Tetzner nun dessen Papiere bei sich führe und sich auch dessen Namen zugelegt habe. Vor dem Eintreffen des Regierungsrats v. Criegern hatte die Straßburger Kriminalpolizei bereits umfangreiche Erörterungen getroffen und festgestellt, wo Tetzner sich unter dem Namen Stranelli in Straßburg aufhielt. Unter Mitwirkung des Regierungsrats von Criegern wurde Stranelli in Straßburg am Mittwoch nachmittag 5 Uhr verhaftet. Die Ehefrau des Tetzner hatte man bereits am Mittwoch vormittag in ihrer Wohnung festgenommen.

Ein Fräulein, das bei ihr zu Besuch weilte und früher in dem Tetznerschen Café in Oschatz gedient hat, wurde ebenfalls dem Polizeipräsidium zugeführt. Ob dieses Fräulein etwas von der Tat Tetzners weiß, muß erst die Untersuchung ergeben.

Das Geständnis der Ehefrau Tetzners.

Frau Tetzner, die nach dem mitangehörten Gespräch nach Straßburg eine ungeheure Erregung an den Tag legte, wurde von dem Oberregierungsrat Dr. Heiland einem längeren Verhör unterzogen. Frau Tetzner hatte sich von vornherein dadurch verdächtig gemacht, daß sie trotz der zur völligen Unkenntlichkeit verkohlten Leiche ihren Mann wiederzuerkennen glaubte; die Frau, die bei dem Verhör gestand, hat sogar die Dreistigkeit besessen, die Ueberreste der verkohlten Leiche in einem Kindersarg nach Leipzig zu bringen und diese als die ihres Mannes auf dem Südfriedhof am

Sonnabend nachmittag bestatten zu lassen. Mit Tränen in den Augen nahm Frau Tetzner als ›trauernde Witwe‹ die Beileidsworte am Grabe entgegen und kehrte nach dem Begräbnis, wie auch von ihrer Reise nach Regensburg ›tief gerührt‹ zurück.

Sie gestand bei ihrer Vernehmung ein, daß ihr Mann mit ihr die Ausführung der Tat eingehend besprochen habe, sie habe ihren Mann abreden wollen, dieser habe sie jedoch überredet und derart beeinflußt, daß sie ihre Beteiligung zugesagt habe. Ihr Mann habe sich vor der Tat Pässe besorgt und mit ihr vereinbart, daß sie nach Erhalt der Versicherungssumme zu ihm nach Straßburg kommen solle.

Interessant ist, daß vor kurzem ein ähnliches Verbrechen in der Nähe von Ingolstadt versucht wurde. Dort wurde der auf der Wanderschaft befindliche, am 9. April 1908 in München geborene Automechaniker Alois Ortner von einem Automobilisten eingeladen, in dessen Wagen Platz zu nehmen. Bei einer angeblichen Panne wurde Ortner von dem Autoführer plötzlich überfallen. Er konnte sich mit einigen durch einen Schraubenschlüssel verursachten Verletzungen auf den Kopf gerade noch retten, während der Autoführer mit seinem Wagen eilig davonfuhr. Ob Tetzner mit dieser Tat in Verbindung zu bringen ist, muß die Untersuchung ergeben.

Wie Tetzner in Oschatz lebte.

Tetzners Ruf ist in Oschatz nicht besonders gewesen. Er hatte dort das Central-Café von seiner Schwiegermutter, einer Frau Georgi, gepachtet und mit seiner Frau bewirtschaftet. Nachdem nun bekannt geworden ist, daß sich gegen den Vertreter Tetzner ein so schwerer Verdacht richtet, erinnert man sich in Oschatz der besonderen Umstände, die damals schon ein merkwürdiges Licht auf Tetzner warfen. Es handelt sich auch hier um eine Lebensversicherung, die Tetzner abschloß, weil er sah, daß er sehr bald in den Besitz der Versicherungssumme gelangen würde.

Seine Schwiegermutter Georgi war längere Zeit krank und hatte die Absicht, sich operieren zu lassen. Ihr Schwiegersohn Tetzner redete der alten Frau aber ab und sah es, wie uns aus Oschatz berichtet wird, auch nicht gern, daß seine Schwiegermutter wegen ihrer Krankheit in ärztlicher Behandlung stand. Wie nachträglich bekannt wird, hat das offenbar seinen Grund darin gehabt, daß Frau Georgi nicht gegen Todesfall versichert war. Es gelang Tetzner, seine Schwiegermutter zu überreden, sich bei der Versicherungsgesellschaft mit 10.000 Mark gegen Todesfall zu versichern. Erst nachdem das geschehen war, überredete er seine Schwiegermutter, sich operieren zu lassen.

Hatte man vorher in Oschatz in den Kreisen, die der Schwiegermutter Tetzners nahestanden, noch angenommen, daß Tetzner seiner Schwiegermutter etwa aus Fürsorge für die Erhaltung ihres Lebens von einer Operation abgeraten hatte, so war man nunmehr auch in diesen Kreisen überzeugt, daß Tetzner seine Schwiegermutter nur nicht unversichert sterben lassen wollte.

Drei Tage nach der Operation starb Frau Georgi, und Tetzner nahm die Versicherungssumme in Höhe von 10.000 Mark in Empfang. Das Central-Café ging auf seinen Namen über. Da diese Machenschaften Tetzners Ruf naturgemäß nicht gerade verbessert hatten und ihm öfter zu Ohren kam, wie über ihn in Oschatz geredet wurde, so entschloß sich Tetzner, das Café und seine Möbel zu verkaufen. Er erhielt für das Geschäft 10.000 Mark und zog mit seiner Frau nach Leipzig, wo er in der Elisenstraße in Untermiete Wohnung nahm. Interessant ist deshalb das Urteil der Mitbewohner dieses Hauses: In seltener Übereinstimmung äußern sich alle, die Tetzner kennengelernt haben, dahin, daß man dem Verdächtigen niemals eine derartige Tat zugetraut hätte.

Die Frau Tetzner gab sich den Anschein, als sei sie völlig niedergebrochen, als sie von ihrer kurzen Reise nach dem Orte des Unfalls nach Leipzig zurückkehrte. Und man hatte allgemein die Ueberzeugung, daß die Trauer aufrichtig war. Immer wieder wurde versichert: ›Ich kann mir das gar nicht vorstellen! Ich kann das nicht eher glauben, bevor es bewiesen ist!‹ Von besonderem Interesse war natürlich die Auffassung der Dame, bei der das Ehepaar Tetzner zur Untermiete wohnte. Die Vermieterin faßte noch am Mittwochabend ihren Eindruck in die Worte zusammen: ›Die Tetzners sind immer grundsolide und rücksichtsvoll gewesen. Hoffentlich klärt sich doch noch auf, daß Tetzner in falschem Verdacht steht. Man kann sich ein solches Verbrechen von ihm gar nicht denken. Er muß höchstens einen plötzlichen Anfall von Unzurechnungsfähigkeit bekommen haben.‹

Die Wohnung der Eheleute Tetzner wurde am Mittwochabend polizeilich versiegelt. Die Räume, die von dem Ehepaar Tetzner bewohnt wurden, werden einer gründlichen Untersuchung unterzogen. Was den Fall noch verwickelter macht, ist das Verschwinden einer Regensburger Kassiererin, die nachweislich mit Tetzner in Verbindung stand, als dieser sich einige Tage vor dem mysteriösen Vorfall in einem Regensburger Hotel aufhielt.«

Am 6. Dezember 1929, dem Nikolaustag, nehmen die Enthüllungen im Mordfall Tetzner immer größere und schreckliche Dimensionen an. Die Verhöre und Ermittlungen ergeben, dass der unbekannte Tote aus dem *Opel-Laubfrosch* nicht des Mörders erstes Opfer war: »Tetzner suchte einen ›Reisebegleiter‹ – Einen Mord und einen Mordversuch eingestanden«, titelte nicht nur die Sensationspresse.

»Der in Straßburg i. Els. verhaftete Kaufmann Kurt Erich Tetzner aus Leipzig hat bereits ein umfassendes Geständnis abgelegt. Er gibt zu, nicht nur am 27. November den Mord bei Regensburg, sondern auch am 22. November einen Mordversuch an einem Wanderburschen verübt zu haben. Gleichzeitig beschuldigt er seine Frau der Anstiftung zu dem Morde. Die Ueberführung Tetzners nach Regensburg ist beantragt. Frau Tetzner und ein Servierfräulein, das als Mitwisserin in Frage kommt, sind am Donnerstagvormittag von Leipzig nach Regensburg gebracht worden.

Mit welcher Planmäßigkeit der Mörder Kurt Tetzner vorgegangen ist, geht aus folgender Tatsache hervor: Es ist festgestellt worden, daß Kurt Tetzner längere Zeit vor der Tat in Chemnitz, Wiesenstraße 41, ein möbliertes Zimmer gemietet und versucht hat, sein Opfer durch ein Zeitungsinserat in Chemnitz zu finden. Am 12. November gab er in den *Chemnitzer Neuesten Nachrichten* folgendes Inserat auf:

Junger unabhängiger Mann,
ca. 24 Jahre alt, als
Reisebegleiter
gesucht. Angebote
unter P 8311 an Ch. NN.

Auf dieses Inserat meldete sich, wie die *Chemnitzer Neuesten Nachrichten* mitteilen, u.a. auch ein junger Chemnitzer, K. Strobel, der über die Vorgänge bei dem Engagement und über seine der Chemnitzer Kriminalpolizei mitgeteilten Vermutungen über das Regensburger ›Autounglück‹ des Leipziger Kaufmanns Kurt Tetzner folgende Angaben macht:

Strobel erhielt auf seine Offerte hin eine Postkarte aus Leipzig, datiert vom 14. November, mit der Unterschrift ›Max Böhm‹. Laut dieser Karte wurde Strobel gebeten, sich im ›Hotel Hospiz‹, Friedrichsplatz, am Sonnabend, 14. November vorzustellen und wurde aufgrund dieser Vorstellung von dem angeblichen Max Böhm sofort engagiert.

In einem Brief aus Chemnitz, datiert vom 16. November, bestätigte Böhm dann dieses Engagement. Er machte darin folgende Vorschläge: Freie Verpflegung, pro Tag 8 Mark, 14tägige Kündigung usw. Nach drei Tagen erhielt Strobel von dem angeblichen Max Böhm wieder einen Brief aus

Gera, datiert vom 19. November, in dem er nach dem Bahnhof Zwickau auf Donnerstag bestellt wurde, um von dort aus die Reise nach München anzutreten. Es waren auch gleichzeitig 5 Mark zur Fahrt Chemnitz – Zwickau beigefügt.

Der Mörderhand entronnen.

Strobel hatte aber inzwischen die Chemnitzer Kriminalpolizei verständigt, da ihm die ganze Sache unglaubhaft erschien. Er vermutete entweder einen Fremdenlegionswerber oder einen Mann mit homosexuellen Absichten in die Hände geraten zu sein. Die Kriminalpolizei riet ihm, zunächst nach Zwickau zu fahren und stellte ihm dort die Begleitung zweier Kriminalbeamter in Aussicht. Strobel ging also in Begleitung der zwei Beamten in den Zwickauer Bahnhof, wo er um 4 Uhr auch den angeblichen Böhm traf. Der zweisitzige Kraftwagen des Böhm stand vor dem Bahnhof. Böhm forderte nun Strobel auf, mit ihm sofort nach München zu fahren.

Dieser lehnte es ab mit der Begründung, daß es doch schon Abend und dunkel sei, worauf Böhm antwortete, er müsse fahren und wenn es die Nacht durchginge. Er erklärte weiter, von München, wo er geschäftlich zu tun hätte, weiter nach Rüsselsheim zu fahren, um dort einen zur Verfügung stehenden Wagen zu übernehmen.

Da die ganzen Angaben des Böhm sehr unwahrscheinlich erschienen, suchte Strobel unter dem Vorwand, daß bei seinem Auto das Licht brenne, herauszukommen. Als Böhm an das Auto trat, wurde er von einem dritten eingewiesenen Polizisten in Uniform und den zwei Kriminalbeamten zum Mitgehen auf die Bahnhofswache veranlaßt. Einer der Kriminalbeamten sprach ihn mit den Worten an:

›Sie sind doch Herr Böhm‹, worauf dieser das verneinte und seinen richtigen Namen, nämlich Kurt Erich Tetzner, nannte. Er legitimierte sich auch durch seine Papiere, die auf den vorgenannten Namen Kurt Erich Tetzner aus Leipzig lauteten. Er erklärte, er habe den Namen Böhm nur als Decknamen benutzt, um nicht bekannt zu werden. Daraufhin mußten ihn die Beamten laufen lassen, da seine Papiere in Ordnung waren. Tetzner ging zu Strobel in den Wartesaal zurück, und da der letztere sich entschieden weigerte, sofort nach München mitzufahren, weil er weder mit Papieren noch mit Reisegepäck versehen sei, forderte Tetzner ihn auf, am darauffolgenden Montag (25. November) auf dem Hauptbahnhof in Gera zu sein, damit sie dann von dort aus die Fahrt nach München antreten könnten. Strobel fuhr auch am 25. November nach Gera, traf aber Tetzner (alias Böhm) dort nicht an und kehrte demzufolge nach Chemnitz wieder zurück. Eine Vorsicht hat ihn vor der Ermordung bewahrt.

Das Auslieferungsverfahren ist eingeleitet und es besteht die Wahrscheinlichkeit, daß die französischen Behörden dem Auslieferungsantrag entsprechen werden. Wegen Verdachts der Mittäterschaft wurde als dritte Person das Servierfräulein Katharina Nagel von Regensburg verhaftet. Diese hatte Tetzner am 18. November von Regenburg nach Leipzig mitgenommen, wo sie sich bei Frau Tetzner aufhielt. Sie ist mit der Kassiererin personengleich, die in Regensburg mit Tetzner zusammentraf und nach der Tat dort vermißt wurde.

Wie wir anderweitig erfahren, wird die verstümmelte Leiche des unbekannten, als Tetzner in Leipzig beigesetzten Menschen, sowie sie in Regensburg eingetroffen ist, genau untersucht werden, um die Persönlichkeit event. noch feststellen zu können.

Einige Spuren hierzu sind schon vorhanden.

Im schwäbischen Allgäu wird großes Interesse für die Mordaffäre Tetzner deshalb bekundet, weil Tetzner in letzter Zeit mit einem Memminger Verlag und Geldgebern des bayerischen Bauernbundes intime geschäftliche Beziehungen angeknüpft hatte und sich mit bedeutenden Mitteln beteiligt hat.

Frau Tetzner und das Servierfräulein wurden am Donnerstagvormittag von Leipziger Kriminalbeamten nach Regensburg gebracht und der dortigen Staatsanwaltschaft übergeben. Frau Tetzner war infolge der erdrückenden Beweise, die sie zu einem Geständnis zwangen, völlig zusammengebrochen. Sie weinte unaufhörlich und mußte in das Abteil gehoben werden.

Der Sektionsbefund.

Es war erklärlich, daß die Direktion der Versicherungsgesellschaft, bei der sich Tetzner kurz vor der Tat gegen Tod für 145.000 Mark versichert hat, starken Zweifel an der Echtheit des Unfalls hegte und Auszahlung der Versicherungssumme zunächst verweigerte. Der Vertreter der Versicherungsgesellschaft sprach bei der ›Witwe‹ Tetzner vor und machte sie darauf aufmerksam, daß eine Sektion der verkohlten Leichenteile, die angeblich ihrem Gatten gehören sollten, unbedingt notwendig sei.

Die ›Witwe‹ erhob dagegen scharfen Widerspruch, sie wies darauf hin, daß die Prämien pünktlich bezahlt worden seien und kein Zweifel vorliege, daß es sich bei dem Toten um ihren Mann, Kurt Tetzner, handele. Der Vertreter sprach jedoch wiederholt vor, um zur Sektion die Einwilligung von Frau Tetzner zu erreichen, und als die gewissenlose Frau schließlich doch einsah, daß die Versicherungsgesellschaft auf der Forderung einer Sektion beharrte, gab sie am 2. Dezember nach vielem Sträuben endlich ihre Einwilligung.

Eine Stunde vor der Beerdigung wurden die Leichenteile von Prof. Dr. Kockel, dem Leiter des Instituts für gerichtliche Medizin, Leipzig, untersucht, wobei bereits Bedenken auftauchten, daß es sich um den Vertreter Kurt Tetzner handeln könne.

Die Leiche war bis auf die kurzen Stümpfe der Arme und

der Beine vollkommen verkohlt, trotzdem wurden aber so viele Anhaltspunkte für einen Versicherungsschwindel entdeckt, daß dem Leiter der Leipziger Kriminalpolizei davon Mitteilung gemacht wurde. An einem Oberarmknochen wurde erkannt, daß die Leiche bestimmt nicht über 22 Jahre alt sein konnte. Tetzner zählt dagegen 25 Jahre. Weiter stellte sich bei der Sektion heraus, daß sich weder im Kehlkopf, noch in der Luftröhre Rußteilchen befanden. Daraus ergab sich, daß der betreffende Mann bereits tot gewesen sein mußte, als er verbrannte. Ein Lebender hätte unbedingt unzählige Rußteilchen einatmen müssen. Ferner wurde im Blut der vorliegenden Teile kein Kohlenoxyd vorgefunden. Als wichtigstes Ergebnis mußte jedoch gelten, daß eine Fettembolie der Lunge vorlag, ein sicheres Zeichen dafür, daß der Person vor ihrem Tod schwere Verletzungen beigebracht worden waren. Nach diesem gerichtsärztlichen Befund lag nunmehr auch für die Kriminalpolizei kein Zweifel mehr vor, daß Tetzner eine unbekannte Person ermordet hatte, um seine Frau zur Versicherungssumme gelangen zu lassen. Die Ueberwachung der Frau Tetzner wurde nun verschärft durchgeführt und führte zu dem bekannten Erfolg. Durch engstes Zusammenarbeiten aller an der Aufklärung der Sache Beteiligten ist es gelungen, einen Versicherungsbetrug um die Summe von rund 145.000 MK. zu verhindern und einen Mord zu entdecken. Tetzner wurde nach dem Mord in München gesehen.

Über ihre Mitwirkung bei der Aufklärung des durch Tetzner verübten Verbrechens veröffentlicht die Münchner Kriminalpolizei jetzt folgendes: Die Münchner Kriminalpolizei erhielt am 28. November durch ein Ersuchen der Gendarmeriestation Gaimersheim von dem Mordversuche Kenntnis, den am 22. November abends ein Kraftwagenführer, der angeblich aus Leipzig war, an dem von ihm aus

Plauen mitgenommene Schlosser Ortner verübt hatte. Als die Polizei am Abend des gleichen Tages erfuhr, daß bei Etterzhausen ein Geschäftsinhaber aus Leipzig als verkohlte Leiche in seinem ausgebrannten Kraftwagen gefunden worden war, brachte sie die beiden Mitteilungen in Zusammenhang und konnte bereits am 29. November vormittags feststellen, daß es sich in beiden Fällen um einen zweisitzigen Opelwagen handelte und daß als Besitzer des bei Etterzhausen aufgefundenen Kraftwagens Tetzner in Frage kam. Sie verständigte von ihrem Verdachte die Gendarmerie in Etterzhausen, von welcher sie erfuhr, daß bereits zwei Versicherungsgesellschaften sich über den Vorfall bei Etterzhausen unterrichten wollten.

Am 30. November früh trat sie mit der Staatsanwaltschaft Regensburg ins Benehmen, die darauf die weiteren Feststellungen in Leipzig veranlaßte. Des Weiteren konnte in München festgestellt werden, daß Tetzner am 27. November gegen Mittag in München von einer Buchhalterin eines Lehrmittelverlags gesehen und dann vom Inhaber des Verlages selbst gesprochen wurde. Außerdem ließ Tetzner sich von einem Münchner Schneider seinen beschmutzten und zerknitterten Ueberzieher instandsetzen.

Diesen Feststellungen konnte zunächst keine ausschlaggebende Bedeutung beigemessen werden, weil infolge einer irrtümlichen Mitteilung angenommen werden mußte, daß der Vorfall bei Etterzhausen sich in den frühen Morgenstunden des 28. November abgespielt hatte, sie gewann aber anderes Gesicht durch die Richtigstellung dahin, daß die Auffindung bereits am 27. früh erfolgt war. Nun war einwandfrei festgestellt, daß sich Tetzner nach Auffindung der verkohlten Leiche in München aufgehalten hatte, daß er also nicht der Tote sein konnte.

Inzwischen war, unabhängig von den Münchner Feststellungen, in Leipzig festgestellt worden, daß der im Kraftwagen als verkohlte Leiche aufgefundene Mann, dem der größte Teil des Schädels sowie die Arme und Beine fehlten, nicht den Verbrennungstod erlitten hatte, sondern auf andere Weise getötet sein mußte. Die Leipziger Kriminalpolizei ging darauf mit aller Schnelligkeit und Umsicht vor und konnte den Aufenthalt Tetzners in Straßburg feststellen und die Verhaftung des Mörders bewirken.

Wie Tetzner verhaftet wurde.

Paris, 5. Dez. (Drahtmeldung uns. ständ. B.-Vertreters in Paris): Die Verhaftung Tetzners erfolgte gestern in der Weise, daß die Straßburger Polizei die verschiedenen Postbureaus der Stadt, in denen sich Telephonkabinen befinden, überwachen ließ. Gestern nachmittag hatten mehrere Polizeiinspektoren Tetzner in einem Postbureau in dem Augenblick überrascht, als er Verbindung mit Leipzig verlangte, und verhafteten ihn sofort. Der Verhaftete legte ein umfassendes Geständnis ab dahingehend, daß er auf der Straße Regensburg-Leipzig einen Unbekannten angetroffen und diesen aufgefordert habe, in sein Auto einzusteigen. An einer günstigen Stelle hielt er den Wagen unter dem Vorwand an, daß er eine Panne habe.

Er tötete seinen Mitfahrer und warf ihn unter den Wagen. Dann übergoß er den Wagen und den Toten mit Benzin und legte Feuer an.«

Eine erstaunliche Koinzidenz der Ereignisse stellten Kinogänger fest, als sie den Kriminalreißer *Geheimpolizisten* von Regisseur Edmund Heuberger besuchten. Die Premiere des Stummfilms fand just am Nikolaustag des Jahres 1929 statt. Die Drehbuchautoren Fritz Falkenstein und Walter Wassermann erzählten eine erstaunliche Geschichte: Unternehmer Wehring (Anton Pointner) kommt bei einer Explosion seiner Fabrik zu Tode. Chefingenieur Franz Hayn (Eddi Polo) ist der Tat verdächtig, Kommissar Dr. Stendorf (Leopold von Ledebur) muss ihn aber wegen Mangel an Beweisen aus der

Haft entlassen. Um seine Unschuld zu bestätigen, beginnt Hayn zu recherchieren, wer den Mordanschlag verübte. Da taucht die extravagante Schwester des teuren Verstorbenen auf: Tingeltangeltänzerin Ria Rita (Rina Marsa). Erstaunlich vehement versucht sie, sich in den Besitz von Wehlings Lebensversicherungssumme zu setzen. Das Verhalten kommt Franz Hayn verdächtig vor, und er folgt fortan Rita Schritt um Schritt. Alsbald steht er dem toten Wehling gegenüber, der als Chef einer Verbrecherbande für das Attentat verantwortlich zeichnet: Versicherungsbetrug. »Eddie Polo, Liebling des Publikums, hat hier Gelegenheit, seine Schwimmkünste und Boxkünste zu zeigen, über Mauern zu klettern, geheimnisvoll zu agieren und alles zu einem glücklichen Ausgang zu führen. Die Autoren, verstehen ihr Handwerk und halten bis zum letzten Augenblick die Spannung. Und nur der an Edgar Wallace Geschulte ahnt allenfalls dicht am Schluß, wer der große Unbekannte ist, der durch das Ganze geistert. Edmund Heuberger nutzt die Spannung aus, spielt die Szenen mit einem gewissen Tempo herunter«, bemerkte der Berliner *Film-Kurier* am 7. Dezember 1929 zum Geschehen auf der Leinwand.

Gleichen Tags setzt sich in Leipzig und Regensburg die tatsächliche Betrugsgeschichte fort, und der Mörder Tetzner schildert seine Taten.

»Der in Straßburg verhaftete Vertreter Kurt Tetzner, der einen in seinem Kraftwagen mitgenommenen Handwerksburschen ermordete und verbrannte, hat dem Leipziger Regierungsrat von Criegern ein volles Geständnis abgelegt. Aus diesem Geständnis geht hervor, daß der gewissenlose Bursche sich schon seit längerer Zeit mit dem Gedanken der Tat getragen und diese in Regensburg in der Nacht zur Ausführung gebracht hat. Tetzner ist schon nach dem ersten Verbrechen, dem Mordversuch an dem Handwerksburschen Ortner, ruhelos umhergeirrt und hat nach der zweiten

Tat, dem vollendeten Mord, sofort die Flucht ergriffen. Das französische Visum hatte er sich bereits in Leipzig besorgt. Wir sind heute in der Lage, das Geständnis des Mörders in seinen Einzelheiten zu veröffentlichen.

Die Verfolgung im Flugzeug.

Als Mittwoch die zur Bewachung der Wohnung der Frau Tetzner in Leipzig beauftragten Kriminalbeamten die Meldung erstatteten, daß ein Mann unter dem Namen Stranelli Frau Tetzner telephonisch aus Straßburg verlangt habe, war es dem Leiter des Leipziger Kriminalamtes, Oberregierungsrat Dr. Heiland, sofort klar, daß es sich bei Stranelli nur um den gesuchten Tetzner handeln könne. Eile war dringend erforderlich. Es galt, rasch zu handeln, wenn man den raffinierten Versicherungsbetrüger und Mörder Tetzner ergreifen wollte. Alle der Kriminalpolizei zur Verfügung stehenden technischen Einrichtungen der Nachrichtenübermittlung wurden deshalb sofort in Tätigkeit gesetzt, um die französischen Polizeibehörden – vor allem die Straßburger und die Pariser Kriminalpolizei – von dem Telephongespräch in Kenntnis zu setzen.

Bereits 15 Minuten nach Eingang des Telephongesprächs in Leipzig waren sämtliche in Frage kommenden Polizeibehörden unterrichtet. Bei einer so wichtigen Angelegenheit, bei der nur die Schnelligkeit des Handelns den Erfolg verbürgen konnte, durften aber auch andere Mittel nicht gescheut werden, um zum Ziele zu gelangen. In dieser Erkenntnis entschloß sich die Leitung des Leipziger Kriminalamtes, den Dezernenten des Morddienstes, Regierungsrat von Criegern, im Flugzeug nach Straßburg zu entsenden. Von der Sächsischen Fliegerschule Leipzig-Mockau wurde das Flugzeug D 1105 mit Fluglehrer Bader gechartert, das nach Eintreffen des Regierungsrats v. Criegern auf dem Mockauer Flugplatze sofort startete und seinen Fluggast nach Böblingen brachte, von wo Regierungsrat von Criegern die Fahrt mit dem Kraftwagen nach Straßburg fortsetzte.

Nach aufregender Fahrt traf Regierungsrat von Criegern in Straßburg ein und begab sich sofort zur dortigen Kriminalpolizei, um den festgenommenen Tetzner zu verhören. Das Verhör zog sich vom Abend bis in die Morgenstunden hinein, da Tetzner durchaus nicht gewillt war, alles glatt zuzugeben. Der Mordversuch an dem Automechaniker Alois Ortner in der Nähe von Ingolstadt stellte er zunächst in Abrede. Er machte einen vollkommen gedrückten, zermürbten Eindruck und beteuerte immer wieder, daß seine Frau die treibende Kraft zu dem Mord gewesen sei. Nach längeren Vorhaltungen, die ihm Regierungsrat von Criegern auf Grund der inzwischen herbeigezogenen Informationen machen konnte, mußte sich schließlich Tetzner doch bequemen, den Mordversuch bei Ingolstadt einzugestehen.

Tetzner erzählt Einzelheiten.

Nach seinen Angaben ist er etwa acht Stunden von München aus gefahren, als er auf der Straße den Automechaniker Alois Ortner traf, der ihn bat, ihn in seinem Kraftwagen mitzunehmen. Da sei ihm der Gedanke gekommen, den Mordplan zur Ausführung zu bringen, den er nach Abschluß der hohen Lebensversicherung mit seiner Frau geschmiedet hatte. Seine Frau habe verhältnismäßig viel Geld gebraucht, die Summe, die sie beim Verkauf für das Cafés in Oschatz erhalten hätten, sei bald verbraucht gewesen, und er habe deshalb seiner Frau den Vorschlag gemacht, daß er sich das Leben nehmen wollte, damit seine Frau in den Besitz des Geldes komme. Seine Frau habe ihm jedoch von einem Selbstmord abgeredet und ihm gesagt, daß ›das Ding einfacher zu drehen sei, es könne ja ein anderer daran glauben‹.

Darauf hätten beide überlegt, wie sie die Versicherungssumme erhalten könnten und seien schließlich zu dem Plan gekommen, den er zur Ausführung gebracht habe. Dies alles sei ihm durch den Kopf gegangen, als der Handwerksbursche Alois Ortner, dessen Namen er allerdings nicht wußte, neben ihm gesessen habe. Er habe sich dann zur Tat entschlossen, habe seinen zweisitzigen Kraftwagen angehalten und eine Panne vorgetäuscht. Er habe dem Handwerksburschen gesagt, daß der Oeltank defekt geworden sei und habe den mitfahrenden Ortner gebeten, aus dem Wagen zu steigen und darunterzukriechen.

Der Handwerksbursche sei seinem Wunsche nachgekommen, habe sich auf die Straße gelegt und unter dem Wagen nachschauen wollen, an welcher Stelle das Oel herauslaufe. Inzwischen hat Tetzner – so gab er bei seinem Verhöre dem Regierungsrat von Criegern weiter an – die Stange des Wagenhebers zur Hand genommen und damit dem ahnungslosen Handwerksburschen, als er unter dem Wagen hervorkroch, über den Schädel geschlagen. Der Schlag fiel allerdings nicht so kräftig aus, wie es Tetzner beabsichtigt hatte. Der Ueberfallene hatte noch Kraft, sich zu wehren und versetzte seinem Angreifer einen Schlag zwischen Augen und Nase – die Spuren sind heute noch bei Tetzner sichtbar. Der Handwerksbursche habe – so erzählt Tetzner weiter – darauf die Flucht ergriffen, während er sich in seinen Kraftwagen gesetzt habe und in der Richtung nach Leipzig zu gefahren sei. Er sei aber nicht nach Leipzig gefahren, weil er befürchtete, daß inzwischen der Ueberfall bekannt geworden sei. Vielmehr habe er sich drei Tage in Halle aufgehalten und sei dann nach Hohenstein-Ernstthal gefahren, wo er sich das Leben nehmen wollte. Dazu habe er aber keinen Mut gefunden und sei nach einer kurzen Verständigung mit seiner Frau mit seinem Kraftwagen

wieder nach München gefahren.

Der Mord an einem Unbekannten.

Auf der Strecke nach Regensburg habe er nun nach einigen Stunden wieder einen Handwerksburschen getroffen, der ihn gebeten habe, ein Stück mitfahren zu dürfen. In der Absicht, den Mordversuch zu wiederholen, habe er den Handwerksburschen aufgefordert, einzusteigen und sich neben ihn zu setzen. Kurz vor 2 Uhr nachts habe er dann die Fahrt verlangsamt und wiederum eine Panne vorgetäuscht. Schließlich habe er seinen Wagen angehalten, sei ausgestiegen und habe sich mit dem im Wagen sitzenden Handwerksburschen über die Störung unterhalten.

Er habe, ohne daß es der Handwerksbursche in der Dunkelheit bemerkte, eine Benzinkanne genommen, ihren Inhalt über das Innere des Wagens verschüttet und so getan, als sei dabei etwas aus Versehen auch auf die Kleidung des Handwerksburschen gekommen. In Wirklichkeit habe er aber seinen Mitfahrer absichtlich mit Benzin übergossen, und dann habe er mit einem Streichholz das Ganze in Flammen gesetzt. Um den lichterloh brennenden Wagen habe er sich nicht gekümmert, sondern sich so schnell wie möglich von dem Schauplatz seiner grusigen Tat entfernt und sei nach München gefahren. (Ueber den Münchner Aufenthalt sind unsere Leser bereits in der Ausgabe vom Freitag unterrichtet worden.

Tetzners Aufenthalt in Paris.

Paris, 6. Dez. Es ist nunmehr festgestellt, daß der Leipziger Mörder Tetzner seit dem 27. November sich in Paris aufhielt und in einem Hotel auf dem Boulevard Magenta wohnte. Es ist aber nicht möglich, in diesem Hotel Näheres über ihn zu erfahren. Es handelt sich um ein ziemlich umfangreiches Haus, in dem meistens kleine und minderbemittelte Reisende aus Deutschland und aus dem übrigen Mittel- und Osteuropa absteigen. Die Namen aller dieser Fremden sind für das französische Personal des Hotels so schwer verständlich, daß sich diese Hotelangestellten diese Namen meist nicht merken. Ueberdies ist es festgestellt, daß Tetzner hier unter falschem Namen abstieg. Infolgedessen hat seine Erscheinung bei keinem der Hotelangestellten irgendeine Erinnerung zurückgelassen, die für die polizeiliche Untersuchung von Wert sein könnte.

In Paris gingen Tetzners Geldmittel zur Neige. Er mußte unbedingt seine Frau anrufen und sie bitten, ihm Geld zu schicken. Von Paris aus erschien ihm jedoch ein telephonischer Anruf seiner Frau in Leipzig zu gefährlich. Er beschloß deshalb, nach Straßburg zu fahren, um von dort aus seine Frau zu benachrichtigen. In Straßburg angekommen, begab er sich sofort an den im Wartesaal befindlichen Fernsprechapparat und rief den Wohnungsnachbar seiner Frau in der Elisenstraße an, da die Hauptmieterin, bei der er mit seiner Frau wohnte, keinen Fernsprechanschluß hat. Nach nicht allzulanger Zeit erlangte er Verbindung mit Leipzig, wo sich eine männliche Stimme meldete, die er für die des Wohnungsnachbars hielt. Tatsächlich war es aber einer der Kriminalbeamten, die die Wohnung Tetzners überwachten. Als der Kriminalbeamte ihm sagte, Frau Tetzner sei nicht anwesend, und fragte, welche Nummer und wer in Straßburg sei, erwiderte Tetzner: ›Hier Straßburg, Nummer 18200, Stranelli.‹ Der Beamte habe Tetzner daraufhin gesagt, er solle abends gegen 6 Uhr von Straßburg noch einmal anrufen, Frau Tetzner werde dann bestimmt anwesend sein. Diesem außerordentlich geschickten Verhalten dieses Leipziger Kriminalbeamten ist es in der Hauptsache zu danken, daß Tetzner in Straßburg blieb und verhaftet werden konnte.

Bei seinem Verhör gab Tetzner weiter an, daß ihm der Name ›Stranelli‹ ganz plötzlich in den Kopf gekommen sei, er habe sich keineswegs früher mit dem Gedanken getragen, sich ›Stranelli‹ zu nennen. Von vornherein habe er auch große Bedenken gehabt, seine Frau in Leipzig anzurufen.

Er habe aber dringend Geld benötigt, da er nur noch im Besitz von 80 Mark gewesen sei. Aus Vorsicht sei er zum Telephonieren am Abend auch nicht wieder in den Wartesaal gegangen, sondern habe von einer Telephonzelle des Straßburger Hauptpostamtes das Gespräch nach Leipzig angemeldet.

Tetzner, der sein scheußliches Verbrechen so raffiniert anlegte, hatte aber nicht mit dem Raffinement der Kriminalpolizei gerechnet. Die Straßburger Kriminalpolizei hatte auf Ersuchen der Leipziger Kriminalpolizei die Oberpostdirektion in Straßburg gebeten, sie sofort zu benachrichtigen, wenn von einer der Telephonzellen ein Gespräch mit Leipzig angemeldet werde. Kaum hatte Tetzner die Leipziger Nummer der Postbeamtin in Straßburg gesagt, war auch schon die Straßburger Kriminalpolizei in Kenntnis gesetzt, daß ein junger Mann im Straßburger Hauptpostamt Fernsprechverbindung mit der bekannten Leipziger Nummer verlange.

Tetzner saß noch da und wartete auf das Gespräch, als ihn Straßburger Kriminalbeamte in Haft nahmen. Das angemeldete Gespräch wurde dazu benutzt, dem am Apparat in Leipzig stehenden Kriminalbeamten mitzuteilen, daß man soeben den Mörder Tetzner festgenommen habe. Trotz aller dieser Einzelheiten, die Tetzner angab, ist zu vermuten, daß er nicht in allen Punkten die Wahrheit gesagt hat. Nach der Sektion der verkohlten Leichenteile des von Tetzner ermordeten Mannes, dessen Name wohl niemals bekannt werden wird, ist der Tod durch schwere Verletzungen eingetreten. Tetzner behauptet dagegen, er habe ihn nicht erschlagen. Es wird aber wohl anzunehmen sein, daß er auch diesem Opfer mit der Stange des Wagenhebers einen Schlag über den Schädel gegeben und es damit getötet hat.

Ueber die Gründe zu seiner Tat erklärte Tetzner, er wäre in sehr ungünstiger finanzieller Lage gewesen. In besondere Bedrängnis wäre er dadurch gekommen, daß er für mehrere tausend Mark kurzfällige Wechsel nicht die Deckung hätte aufbringen können. Außerdem will er noch durch Beteiligung an einem Geschäft geschädigt worden sein. Nach vielen vergeblichen Versuchen hätte sich ihm endlich ein Ausweg eröffnet, als ihm ein Darlehnsangebot gemacht worden wäre, für dessen Deckung er eine Lebensversicherungspolice hätte hinterlegen sollen.

Tetzner war wenig beliebt.

Der Mörder und Versicherungsbetrüger Tetzner ist auch in Freiberg i. Sa. kein Unbekannter. Er war dort im Geschäft seiner Schwiegermutter, Frau Georgi, längere Zeit tätig. Frau Georgi kam am 1. März 1927 mit ihrer damals noch unverheirateten Tochter Emma Georgi und ihrem zukünftigen Schwiegersohn Tetzner von Oelsnistz i. E. nach Freiberg. Hier kaufte sie ein Delikatessengeschäft, in dem Tetzner als Geschäftsführer beschäftigt wurde. Am Heiligen Abend 1927 heiratete das junge Paar. Tetzner war in Freiberg wenig beliebt. Die Folge davon war, daß das Geschäft schlecht ging und das Ehepaar Freiberg mit der Schwiegermutter bald wieder verließ. Ende Februar 1928 zogen dann die drei nach Oschatz. Tetzner wird in Freiberg als roher brutaler Mensch geschildert.« Fortsetzung folgt.

Auch an den nächsten beiden Tagen, Sonnabend, 7. Dezember und Sonntag, 8. Dezember 1929, sind die Zeitungsseiten voll mit »Ausnahme-Angeboten« und Rabatten für praktische Weihnachtsgeschenke. »Schöne Hüte sind wichtig, unsere Hüte sind richtig!« Pelzmoden für Damen werden angepriesen, Schuhe für den Herren. Die Kaufhäuser bieten tausend Dinge feil, der Konsumverein die *Prager Hafermastgans.* »Helfer für sparsames Wirtschaften: *Maggis* Würze, *Maggis* Suppen, *Maggis* Fleischbrühe.« Die Deutsche Post preist neue Telephonapparate an, die ohne Nebengeräusche funktionieren. Das Arbeitsamt veröffentlicht Stellenangebote und sucht unter anderem gelernte Drucker, Schlitzfräser auf Nadelplatten, Lampenschirmnäherinnen und einen Kontoristen aus der Lotteriebranche, zugleich Zigarettenverkäufer, bis fünfundzwanzig Jahre. »Rauchen ist Illusion. Aber ist Illusion nicht das Allerschönste im Leben – viel schöner als die Wirklichkeit? Und wenn diese Illusion vollkommen ist – so vollkommen wie der Genuß der der *Kolibri*-Zigarette sie verschafft, – dann sind auch die 5Pfg., die sie kostet, nicht umsonst gewesen.«

Otto Lienicke macht sich seine Gedanken über die

Vorweihnacht des Arbeitslosen

Also sprach mein Port'monnaie:
Weihnachtskäufe, Freundchen? – Nee.
Kannst wohl durch die Straßen streifen
– Stempelbruder, du hast Zeit! –
Und nach Traumgebilden greifen
Und dabei das Liedel pfeifen:
Freue dich, oh Christenheit …!

Nach den Gänsen, Würsten, Wein
Darfst du nicht begehrlich sein.
Denn dein stets geleerter Magen
– Stempelbruder, sei gescheit! –
Wird die Sachen nicht vertragen.
Freue dich, oh Christenheit …!

Schaukelpferde, Eisenbahn,
Puppenstuben, sieh's dir an
Und erzähl von diesen Dingen
– Stempelbruder, ohne Neid! –
Deinen Kindern, wenn sie singen:
Was wird uns das Christkind bringen?
Freue dich, oh Christenheit …!

Wenn du durch die Straßen gehst,
Wenn du vor den Läden stehst,
Wenn die Weihnachtswünsche reden,
– Stempelbruder, das tut weh! –
Mit Posaunen und Trompeten
Ruft das Christkind nach Moneten …
Ehre sei Gott in der Höh'!

Die Interessierten blättern weiter über »Hilfsaktionen für das Unternehmertum« angesichts der Wirtschaftskrise und erfahren: »Gewerkschaften gegen das Finanzprogramm«, »Parteiaustritte im deutschnationalen Lager« und vom »Straßenspuk der Kommunisten«. Man fordert »Keine Katastrophenpolitik« und fragt sich, »Was geschieht gegen die Verschwendung?« So gelangt der Zeitungsleser hin zu Sportnachrichten und Gerichtsberichten und zu Vermutungen im Falle »Versicherungsbetrug durch Mord«:

»Falsche Gerüchte über die Mordtat Tetzners.

In einem Teil der Presse wird veröffentlicht, daß die von Tetzner im Kraftwagen verbrannte Person eine 22jährige Kinokassiererin sei. Tetzner habe das Mädchen überredet, seine Stellung in Regensburg aufzugeben und mit ihm im Auto nach Leipzig zu fahren, wo er es angeblich in seinem eigenen Kino als Kassiererin unterbringen wollte. Das Mädchen sei Doppelwaise und habe keine Verwandten.

Diese Vermutungen treffen nicht zu. Wie wir vom Institut für gerichtliche Medizin, Leipzig, erfahren, ist der männliche Charakter der verbrannten und verkohlten Leichenteile bei der Sektion einwandfrei festgestellt worden.«

Am zweiten Advent kann man bei Kaffee und Stollen darüber diskutieren und wird der weiteren Enthüllungen im Falle Tetzner harren. Die folgen am Montag, den 10. Dezember:

»Tetzners Ueberführung nach Regensburg.

Wie unser Regensburger Mitarbeiter vom Untersuchungsrichter in der grauenhaften Mordaffäre vom Naabtal erfährt, wird der Mörder und Versicherungsbetrüger Erich Tetzner in ungefähr zehn Tagen von Straßburg nach Regensburg übergeführt werden.

In dem schwebenden Untersuchungsverfahren gegen die mitverhaftete Kassiererin Katharina Nagel haben sich bisher keine Anhaltspunkte für eine Schuld oder Mitwisserschaft der Kassiererin ergeben.

Frau Tetzner bestreitet nach wie vor die Aussage ihres Mannes in Straßburg, daß sie diesen zum Mord angestiftet habe. Es steht jedoch aus dem bisherigen Untersuchungsergebnis fest, daß beide Ehegatten zusammen das Komplott bis in alle Einzelheiten besprachen. Die Verhandlung vor dem Schwurgericht in Regensburg wird erst im Frühjahr 1930 stattfinden.

Schlechte Aussichten für Versicherungsverbrecher. Betrachtungen zum Falle Tetzner. Von Ober-Kriminalinspektor G. Ackermann

Das Verbrechen des kaum 25 alten Kaufmanns Kurt Tetzner aus Leipzig, der, lediglich um in den Besitz einer namhaften Versicherungssumme zu gelangen, einen harmlosen Handwerksburschen niederschlug, mit Benzin übergoß und ein blühendes Leben in wenigen Augenblicken vernichtete, gehört unzweifelhaft zu den schwersten Untaten, die die Kriminalgeschichte kennt.

Alle Einzelheiten des Verbrechens, soweit er sie übersehen kann, erwägt Tetzner bis aufs kleinste, ehe er zu dieser grausigen Tat schreitet. Er läßt sich von seinen Plänen auch dann nicht abbringen, als der zuerst als Opfer in Aussicht genommene Chemnitzer Strobel mißtrauisch wird und ihn durch die Polizei entlarven läßt. Dieser Zwischenfall hätte Tetzner bei reiflicher Ueberlegung die drohende Gefahr einer Entdeckung vor Augen führen müssen. Trotzdem läßt er dann von dem Strobel ab, als er merkt, daß ihm dieser Mann zum Verhängnis werden kann. Indessen: der Gedanke an die hohe Versicherungssumme schaltet die letzten Bedenken aus. Er sucht und er findet sein zweites Opfer. Beleuchtet man die Einzelheiten des Verbrechens vom kriminalistischen Standpunkt aus, so ergibt sich, daß die ganze Ausführung, ganz abgesehen von der Grausamkeit und Bestialität, den Stempel der Dummheit und Kurzsichtigkeit trägt. Und so ist es gekommen, wie es kommen mußte. Wenige Tage nach der Mordtat sitzt Tetzner als entlarvter Verbrecher hinter Schloß und Riegel. Ganz allgemein zeigt die jüngste Zeit, daß der Versicherungsschwindel ein ziemlich trübes Kapitel ist, und zwar in der Regel für beide Kontrahenten. Wenn beispielsweise unter bedenklichen Umständen altersschwache Gebäude den Flammen verfallen, um auf Kosten der Versicherung »neuzuerstehen«, oder wenn bei fingierten Einbrüchen von der Versicherung bedeutende Summen gefordert werden, oder wenn ein hochversichertes Leben auf dunkel-geheimnisvolle Weise zugrunde geht, dann ist es nicht erstaunlich, daß die in Anspruch genommenen Versicherungsanstalten selbst durch fach- und sachkundiges Personal Ermittlungen anstellen lassen. Die Fäden bei diesen Versicherungsverbrechen mögen noch so fein gesponnen sein, irgendeine Spur oder Beweismittel wird sich oft finden lassen, das den Schleier der Täuschungsaktion lüftet. Stehen wir nicht staunend vor der Tatsache, daß im Falle Tetzner der Sektionsbefund an dem verkohlten Rest eines Menschen des Verbrechens Lösung war? Umfangreiche und aufsehenerregende Prozesse, gerade in der jüngsten Zeit, haben bewiesen, wie raffiniert die Versicherungsschwindler zu Werke gehen. Häufig sind das Fälle, wo Unglücksfälle vorgetäuscht oder gar künstlich erzeugt werden. Und auffallenderweise spielt dabei die Frau durch Unterstützung des ausführenden Verbrechers eine ausschlaggebende Rolle.

Um ein Beispiel herauszugreifen: Der Kaufmann G. aus Ludwigshafen schloß bereits 1927 eine Lebensversicherung gegen Unfall in Höhe von 40.000 Mark ab. Nach Jahresfrist erstattete seine Frau bei einer Polizeibehörde die Anzeige, daß ihr Ehemann beim Übersetzen über die Elbe in einem Faltboot verunglückt und ertrunken wäre. Unmittelbar darauf versuchte sie die Versicherungssumme zu erheben. Die Versicherung verweigerte in Ermangelung des Totenscheines Zahlung. Die Klage der G. wurde abgewiesen. Schließlich wurde später in der Nähe der angeblichen Unfallstelle eine bis zur Unkenntlichkeit entstellte Leiche aus der Elbe gezogen. Die sofort verständigte G. identifizierte nun mit aller Bestimmtheit an den Kleidungsstücken ihren Ehemann. Sie strengte erneut Klage gegen die Versicherungsgesellschaft an und benannte Kurt W. als Zeugen. Doch bevor es zur gerichtlichen Auseinandersetzung kam, spielte der Zufall dem findigen Ehepaar einen bösen Streich. In Leipzig hatte ein Mann, namens Kurt W. das Pech Bekanntschaft mit der Polizei zu machen. Die Geschichte verlief an sich harmlos. Sie hatte aber einen unerwarteten Schlußeffekt. Denn bei der Personenfeststellung entpuppte sich der angebliche W. als der längst für tot erklärte G., der in dem kommenden Prozeß als Zeuge Winter seinen eigenen Tod eidlich bezeugen wollte.

So wie in diesem Fall war es und ist es in vielen anderen. Trotz aller Tricks sehen die Verbrecher immer wieder ihre Hoffnungen auf die Versicherungssumme enttäuscht und werden der wohlverdienten Strafe zugeführt.«

Fall geklärt, die Namen Emma und Kurt Erich Tetzner verschwinden aus den Überschriften der Sensations- und bürgerlichen Presse.

Im März des Jahres 1931 beginnt vor dem Schwurgericht der lang erwartete Prozess gegen das mörderische Ehepaar. Verbrechen und Verhandlung sind die Schlagzeilen wert, die nunmehr folgen. Bereits Tage vorher werden die Leser darauf eingestimmt:

»Streiflichter zum Fall Tetzner
Vor der Hauptverhandlung in Regensburg

Unser bayrischer Mitarbeiter schreibt uns: Die Verhandlung gegen den 28jährigen Versicherungsbetrüger Erich Tetzner aus Leipzig sowie dessen Frau ist bekanntlich auf den 23. März vor dem Regensburger Schwurgericht angesetzt worden. Die Anklage gegen Tetzner lautet auf vollendeten und versuchten Mord und versuchten Versicherungsbetrug, gegen Frau Tetzner auf Beihilfe zum Mord und versuchten Versicherungsbetrug. Die lange Untersuchungshaft hat bei Tetzner wenig Spuren hinterlassen. Kein Unbefangener wird hinter diesem Menschen mit seinem freundlichen und gefälligen Wesen, dem offenen Blick und der gemütlichen sächsischen Mundart den Kapitalverbrecher vermuten. Er ist von Natur aus ein Phlegmatiker, ein wenig genußsüchtig. Die Heirat brachte ihm ein kleines Vermögen ins Haus, allerdings nicht lange die Möglichkeit gebend, ernster Arbeit aus dem Wege zu gehen. Er kam auf die abschüssige Bahn. Seinem Verteidiger und anderen Interessierten erzählt er einerseits lächelnd, andererseits unheimlich sachlich referierend über die von ihm verübten Schandtaten offenherzig und detailliert, genau so, wie wenn ein gewiegter Kriminalbeamter in Gesellschaft von einer ›großen Sache‹ berichtet, die er vor einer Reihe von Jahren bearbeitet hat: Leidenschaftslos, nüchtern und ohne die Anteilnahme an dem Erlebten.

Nach fünf Monaten Untersuchungshaft läßt sich Tetzner vor den Untersuchungsrichter führen und widerruft sein erstes Geständnis, demzufolge er sein Opfer lebendig verbrannt habe. Er bleibt auch bis heute der Verteidigung gegenüber bei der zweiten Version, den Handwerksburschen in der Nähe des Steinbruchs bei Bayreuth durch dessen Schuld angefahren und als Schwerverletzen, der im Laufe der Nachfahrt starb, mitgenommen zu haben.

Den Toten wollte er nach seiner Aussage in Regensburg oder München, wo er geschäftlich bei einem Verlage vorsprechen mußte, abliefern. Plötzlich schoß ihm im Morgengrauen der Gedanke durch den Kopf: ›Wenn mich die Polizei mit dem Leichnam sieht und meine Gesichtsverletzungen dazu, die ich bei dem Kampf in Germersheim erlitten habe, dann kommt unbedingt die Rede auf den mit der Anklage stehenden Mordversuch an dem Schlossergesellen Ortner.‹ Und so setzte er das Auto mit der ›Leiche‹ in Brand.

Hält man dem Angeklagten seine erste Aussage vor, so bleibt er unerschütterlich bei der stereotypen und reichlich einfältigen Wendung, er sei zuerst der Ansicht gewesen, vor seinen Richtern durch die Verbrennung eines Toten schwerer belastet zu sein, als durch die eines Lebenden (!). Dieser konfuse Gedankengang läßt darauf schließen, daß Tetzner vielleicht glaubte, es könne ihm die Ermordung seines Opfers und die folgende Verbrennung desselben als Doppelmord (!) angerechnet werden. In diesem Zusammenhang muß einer Gerichtsauffassung Raum gegeben werden, die eine Kombination beider Geständnisse des Verbrechers bedeutet: Tetzner hat weder den Handwerksburschen bei Bewußtsein noch als Leichnam verbrannt.

Wie jetzt bekannt wird, hat Frau Tetzner in aller ›Vorsorge‹ ihrem Mann auf die zweite Autofahrt ein halbes Pfund Pfeffer mitgegeben.

Das verkohlte Opfer wies Verletzungen am Hinterkopf auf. Tetzner ließ seinen Begleiter aussteigen, überfiel den Ahnungslosen, schüttete ihm Pfeffer ins Gesicht, bediente sich wieder des schweren, dreiviertel Meter langen Autohebers, schleppte den entweder Halbtoten oder Sterbenden ins Auto und setzte dieses langsam in Brand.

Die 24jährige Frau Tetzner ist der Anstiftung bzw. der Beihilfe angeklagt. Sie hofft, wie wir erfahren, mit einer geringeren Strafe davonzukommen. Ihr Verteidiger Dr. Alfred Strauß, München, hat erneut acht Zeugen geladen, die beweisen sollen, daß die Frau unter dem Willenseinfluß ihres Mannes gestanden und gehandelt habe, daß Tetzner selbst hypnotische und telepathische Gaben besessen und schon sein Vater mit Erfolg den Beruf eines Magnetopathen ausgeübt habe. Wohl ergab die ärztliche Untersuchung eine gewisse Willensschwachheit und beschränkten Sinn der Frau Tetzner, doch andererseits auch so gut wie keinen Beweis für die Tetzner selbst zugeschriebenen Kenntnisse. Stattdessen beteuert aber der Angeklagte fortgesetzt, durch seine Frau zum Verbrecher gemacht worden zu sein, während wieder die Gattin die moralische Verantwortung auf ihren Mann ablädt. Die kalte Berechnung dieser Frau ging soweit, daß sie nicht nur nach dem Bekanntwerden der Affäre mit dem Leichenauto und den vier Versicherungsgesellschaften alle Schritte unternahm, die nach den beschlagnahmten Briefmaterial ihr Mann angeordnet, sondern auch noch bei der angeblichen Beerdigung ihres Mannes mit aller Gewalt zurückgehalten werden mußte, damit sie dem Handwerksburschen nicht in das Gesicht sprang. So ›echt‹ war der Schmerz.

Bemerkenswert ist noch, daß beinahe die Regensburger Gerichtsbehörden seinerzeit an den Unfall des Autos glaubend – so überlegen war der Täter vorgegangen – die Leiche freigaben und den Fall aufgegeben hätten. Aber die Landgendarmen und zwei Versicherungsbeamte witterten instinktmäßig das richtige. So kamen sie vom Selbstmord Tetzners auf das Verbrechen, weil im freien Felde ein Oelkanne und anderes Automobilmaterial gefunden und Gehirnspritzer entdeckt wurden. Auffallend war auch, daß ein Autobesitzer verbrannt sein sollte, bei dessen Leichenüberreste weder Uhr und Hartgeld noch die Ueberbleibsel des üblichen Koffers eruiert werden konnten.

Die Schwurgerichtsverhandlung gegen Tetzner und Frau – er selbst wird von Rechtsanwalt Dr. Fritz Sauter, München, verteidigt – dürfte bei den fünf Sachverständigen nunmehr dreißig Zeugen vier Tage beanspruchen.

Die Kosten des Prozesses werden auf 20 – 25.000 Mark geschätzt.«

Angesetzt als erster Verhandlungstag ist der 17. März 1931. Die Sonntags- und Montagszeitungen stimmen darauf ein:

»Tetzner Prozess am Dienstag.
Am Dienstag, dem 17. März, beginnt vor dem Schwurgericht in Regensburg der Prozeß gegen das Ehepaar Tetzner. Die Verhandlung wird von dem Landgerichtsdirektor Engert geleitet werden, während als Vertreter der Anklage Staatsanwalt Gebauer fungiert. Tetzner hat sich wegen Mordversuchs und Mordes sowie wegen Versicherungsbetruges und, seine Frau wegen Beihilfe zum Mord und wegen Versicherungsbetruges zu verantworten. Tetzner selbst ist fast zwei Monate lang auf seinen Geisteszustand in mehreren Anstalten untersucht worden. Wir haben bereits in dem Artikel unseres bayrischen Mitarbeiters in der Nummer vom 1. März ›Streiflichter zum Fall Tetzner‹ die Untersuchung gegen das Ehepaar ausführlich gewürdigt. In dem Prozeß wird die Frage eine große Rolle spielen, ob Tetzner sein Opfer lebendig verbrannt oder vorher getötet hat. Prof. Kockel – Leipzig vertritt letztere Ansicht, während ein Erlanger Professor der Meinung ist, es könne ein Verbrennen bei lebendigem Leibe stattgefunden haben. Zu der Verhandlung sind außer den medizinischen Sachverständigen dreißig Zeugen geladen. Für den Prozeß sind drei Tage vorgesehen.«

Das mörderische Vorgehen von Kurt Erich Tetzner ist in der Justiz kein Einzelfall: »Wenige Tage nach dem Tetzner-Prozeß, am Montag, dem 23. März, wird ein ähnlicher Fall vor dem Schwurgericht Bartenstein in Ostpreußen verhandelt werden. Dort ist der Hauptangeklagte der Kaufmann Fritz Saffran, der beschuldigt wird, einen Menschen ermordet und beraubt zu haben, um sich auf diese Weise in den Besitz einer Versicherungssumme von 200.000 Mark zu setzen (bei Tetzner handelt es sich, wie erinnerlich, um eine Versicherungssumme von 145.000 Mark). Mit Saffran stehen auch sein ehemaliger Prokurist Kipnick und eine Buchhalterin unter Anklage.«

Der Fall Saffran wird vom DDR-Fernsehfunk aufgegriffen, denn der Kriminalfall ist auch als Gesellschaftskritik zu lesen: »Ein Brand wütet in der Stadt, betroffen ist das Möbelgeschäft Saffran, es wird vollkommen vernichtet. In den Trümmern findet man eine Leiche, es wird angenommen, dass es sich um den Inhaber Saffran (Heinz Scholz) handelt. Dieser hatte aber mehrere hohe Versicherungspolicen laufen, Begünstigte waren seine Frau und seine Freundin. Im Gerichtsprozess wird schließlich bekannt, dass es sich bei dem Toten um einen Landstreicher handelt. Dieser wurde von Saffrans Komplizen, dem Buchhalter Kipnick (Rudolf Ulrich), erschossen. Die Leiche wurde im Möbelladen vor Ausbruch des Brandes deponiert.

Nach Enthüllung dieser Details verurteilte·das Schwurgericht die beiden Täter zu je zwölf Jahren Zuchthaus.«

Das Drehbuch verfasste Routinier und Anwalt Friedrich Karl Kaul für ein Drehbuch der Reihe *Weimarer Pitaval*. Die Erstsendung erfolgte am 25. November 1958 im *Deutschen Fernsehfunk*. Regie führte Wolfgang Luderer, der auch für *Polizeiruf 110*-, *Tatort*- und *Stubbe*-Folgen Verantwortung trug. Die erste Folge der Gerichtsreportage im Falle Kurt Tetzner liest man am 17. März 1931:

»Neue Sensation um Tetzner.
Ueberraschende Einzelheiten über den vermutlichen Hergang der Tat

Die Anklage im Tetzner-Prozeß, der am Dienstag in Regensburg beginnt, basiert auf dem ersten Geständnis des

Angeklagten, daß er einem unbekannt gebliebenen Handwerksburschen, den er am 26. November 1929 auf der Fahrt von Bayreuth nach Nürnberg und Regensburg mitgenommen habe, bei lebendigem Leibe in seinem Auto verbrannt hat. Erst fünf Monate später, nämlich als der Sachverständige Geheimrat Kockel in Leipzig erklärt hatte, daß der Verbrannte schon vorher tot gewesen sein müsse, änderte Tetzner seine Darstellung und behauptete, er habe den Mann ohne eigene Schuld überfahren, habe den Schwerverletzten mitgenommen und ihn dann, als er während der Fahrt starb, im Wagen verbrannt. Heute unmittelbar vor der Verhandlung, ist aber eine neue Hypothese über den Hergang der grausigen Tat aufgetaucht, und es werden weitere Einzelheiten bekannt, die ein sensationelles Licht auf diesen Fall werfen. Der Vorsitzende des Schwurgerichts, Landesgerichtsdirektor Engert, fuhr am Montagnachmittag mit einigen Prozeßbeteiligten noch einmal zum Tatort hinaus. Der in dem Naabtale zwischen Etterzhausen und Maria-Orth beim Kilometerstein 9 liegt. Hier erläuterte er den Befund des verbrannten Wagens, der mit dem rechten Vorderrade an den Kilometerstein herangefahren war, und in dem der völlig verbrannte Leichnam lag. Dabei hörte man die ganz neue Tatsache, daß der Leiche die Beine von der Hälfte der Oberschenkel an fehlten, und daß auch nicht die geringsten Spuren von den Bein- und Fußknochen entdeckt wurden. Nach Ansicht der medizinischen Sachverständigen ist es völlig ausgeschlossen, daß gerade diese starken Knochen völlig verbrennen, und deshalb besteht jetzt die Vermutung, daß Tetzner den Mord an dem Handwerksburschen schon einige Stunden vor der Verbrennung des Wagens verübt und dann der Leiche die Füße und Unterschenkel abgehackt hat, weil der Tote vielleicht erheblich größer von Figur war als Tetzner selbst. Auf Grund neuerdings bekannt gewordener Zeugenaussagen ist die Ermordung des Mitfahrers vielleicht schon 20 Kilometer vor Hohenschambach erfolgt, in welchem Ort Tetzner 35 Liter Benzin am 26. November 1929, morgens 3 Uhr getankt hatte, damit er später die genügende Brennstoffmenge zum Verbrennen des Wagens bei sich hatte. Er soll sich gegenüber dem Personal der Tankstelle sehr merkwürdig benommen haben und niemanden an seinen Zweizylinder herangelassen haben, daß man jetzt glaubt, daß dort schon im Notsitz des Wagens die verstümmelte Leiche des Handwerksburschen lag. Die Verbrennung erfolgte später an einer Stelle, die ziemlich dicht am Ufer der Naab liegt, so daß die Annahme berechtigt ist, daß Tetzner dort herumgefahren ist, um die abgeschlagenen Beine seines Opfers in den Fluß zu werfen. Allerdings konnte er dabei nur an das alte Strombett der Naab gelangt sein, das von dem eigentlichen Fluß durch einen Damm getrennt ist. Der Vorsitzende hatte auch ursprünglich Nachforschungen in dem Altwasser angeregt, die aber aus unbekannten Gründen unterblieben sind. Auf jeden Fall darf man bei diesen neusten Feststellungen und Vermutungen in diesem Prozeß noch mit Sensationen rechnen. Bis jetzt ist Tetzner bei seiner Darstellung trotz aller Vorbehalte geblieben.«

Die Schlagzeilen nach dem ersten Prozesstag: »Ehepaar Tetzner vor dem Schwurgericht – Tetzner gibt zögernd den versuchten Mord an Ortner zu, bestreitet aber den Mord an dem unbekannten Handwerksburschen – Frau Tetzner will unter dem Einfluß ihres Mannes gestanden haben – Die ersten Zeugen.

Aus Regensburg wird uns berichtet: Unter stärkstem Publikumsandrang, zu dessen Bewältigung wie zur Durchführung einer scharfen Kartenkontrolle ein umfangreiches Polizeiaufgebot zur Stelle war, begann am Dienstag früh in Regensburg der Mordprozeß gegen das Ehepaar Erich und Emma Tetzner aus Leipzig wegen Mordes, Mordversuchs, Versicherungsbetrug und Beihilfe dazu. Da Regensburg keinen Schwurgerichtsaal besitzt, findet die Verhandlung in einem primitiv hergerichteten Zimmer des Landgerichts statt, in dem in drangvoller Enge die Prozeßbeteiligten, fünf Sachverständige und etwa 40 Pressevertreter sitzen und etwa 100 Zuhörer Kopf an Kopf stehen.

Unter allgemeiner Bewegung wurden die beiden Angeklagten hereingeführt. Tetzner, dem die Handschellen erst im Saal abgenommen wurden, ist ein untersetzter, blasser, brünetter Mann von etwa 26 Jahren. Aus dem dicken, etwas gedunsenen Gesicht blicken die Augen stechend und verschlagen. Frau Tetzner, die ein blaues Strickkleid trägt, ist eine 24jährige ziemlich üppige Blondine. Sie blickt mit weit aufgerissenen Augen ziemlich verwirrt im Saal umher, während er scheinbar gelassen und uninteressiert dasitzt. Beide Angeklagte mußten mangels einer Anklagebank auf zwei getrennt vor dem Richtertisch stehenden Stühlen Platz nehmen. Von den medizinischen Sachverständigen seien Professor Dr. Kockel aus Leipzig und Professor Molitoris aus Erlangen genannt. Unter den etwa 20 Zeugen erregt naturgemäß das Hauptinteresse der Schlossergeselle Alois Ortner aus München, den, wenn der Anschlag Tetzners auf ihn geglückt wäre, das Schicksal des armen, unbekannt gebliebenen Handwerksburschen ereilt hätte. Ortner ist als Nebenkläger zugelassen. Der Verhandlung wohnten übrigens die Präsidenten des Landgerichtes Regensburg und des Oberlandesgerichtes in Nürnberg bei. Das Geschworenenkollegium besteht aus einem Industriellen, zwei Gastwirten, einem Gewerkschaftssekretär und zwei Landwirten. Ein medizinischer Sachverständiger soll abgelehnt werden.

Nach kurzer Personalvernehmung der beiden Angeklagten, die seit 1½ Jahr in Untersuchungshaft sitzen und beide aus Oelsnitz in Sachsen stammen, und von denen Tetzner wegen Diebstahl und Betrugs vorbestraft ist, stellte Rechtsanwalt Dr. Strauß, München, den Antrag auf Ablehnung des Regensburger Gerichtsarztes Dr. Bunz wegen Zweifel an seiner Unparteilichkeit gegenüber Frau Tetzner. Das Gericht lehnte jedoch den Antrag ab. Dann wurde die ganze umfangreiche Anklageschrift verlesen, wobei Frau Tetzner in heftiges Schluchzen ausbrach.

Tetzner muß sich verantworten.

Der Vorsitzende richtete hierauf an den Angeklagten die Frage: Sie haben ursprünglich ein Mordgeständnis abgelegt. Später haben nur den Mordversuch an Ortner zugegeben. Was wollen Sie heute erklären?

Tetzner (leise): Ich halte meine zweite Darstellung aufrecht.

Es kam dann Tetzners Werdegang zur Sprache, seine Betätigung in einer Maschinenfabrik in Chemnitz, dann als Volontär in einem Bankgeschäft und schließlich als Reisender. Nach seiner Verheiratung lebte er zunächst bei seiner Schwiegermutter in Freiberg in Sachsen, und später siedelten sie nach Oschatz über, wo die Schwiegermutter ein Kaffeegeschäft aufmachte. Hier starb die Schwiegermutter, eine Frau Georgi.

Der Tod der Schwiegermutter.

Vorsitzender: Mit dem Tod Ihrer Schwiegermutter müssen wir uns hier noch etwas näher beschäftigen. Sie war schwer unterleibsleidend. Deshalb hatten Sie beschlossen, sie noch vor ihrem Tode zu versichern. Mit erhöhter Prämie wurde sie dann auch aufgenommen. Vier Wochen nach dem Abschluß der Versicherung auf zehntausend Reichsmark haben Sie ihr dann zu einer Operation geraten. Tetzner: Ich wußte, daß es sich bei ihr um das letzte Stadium von Krebs handelte. Daraufhin haben wir ja auch die Versicherung abgeschlossen. (Bewegung!) Vorsitzender: Das nennt man eigentlich Betrug! Zwei Tage nach der Operation starb Ihre Schwiegermutter dann an Herzschwäche. Sie haben zehntausend Reichsmark glatt ausbezahlt bekommen, und das war Ihr Unglück, denn diese Summe verführte Sie dazu, nun ein großes Geschäft aufzumachen.

Tetzner: Jawohl, das war mein Unglück.

Vorsitzender: Sie sollen sich auch zu Ihrer Frau dahin geäußert haben, man könnte das mit Ihrer eigenen Mutter versuchen, und zwar mit zwanzigtausend Reichsmark?

Tetzner: Das ist gelogen.

Vorsitzender: Haben Sie nicht zu Ihrer Frau gesagt, mit fünfzehntausend Reichsmark in der Tasche bekäme man in der Großstadt jedes Gift?

(Große Entrüstung und Unruhe unter den Zuhörern. Das wird vom Vorsitzenden scharf gerügt.)

Tetzner: Das ist nicht wahr, das ist alles gelogen.

Der Vorsitzende stellt dann fest, daß Tetzner nach dem Tode seiner Schwiegermutter über ein Gesamtvermögen von dreißigtausend Reichsmark verfügte. Er kaufte sich dann einen kleinen Kraftwagen und übernahm eine Vertretung für einen Münchner Verlag. Sein Geld war aber bald erschöpft, und so reifte in ihm der Plan, sich auf andere Weise Mittel zu verschaffen, und zwar auf dem Wege durch den Versicherungsbetrug.

Dann wurde festgestellt, daß Tetzner in der Zeit vom 22. Oktober bis zum 6. November 1929 bei verschiedenen Versicherungsgesellschaften sich mit insgesamt 145.000 Reichsmark versicherte und daß er die Prämien damals sofort bezahlt hat.

Im Anschluß daran erzählte Tetzner, wie in ihm der ganze Plan in seinen Einzelheiten entstanden sei, wie er seiner Frau gesagt habe, wenn sie etwas von ihm höre, daß die Papiere da und da lägen und daß sie sofort die Versicherungen benachrichtigen müßte.

Ortner mußte sich vor dem beabsichtigten Mord rasieren. Tetzner kauft ihm Schlips und Kragen. Ohne jede Einschränkung schildert dann Tetzner die Ausführung des Mordversuchs an Ortner. Am 21. November, als er von zu Hause mit der Absicht, die Tat auszuführen abgefahren war, habe Ortner hinter Plauen auf der Straße gestanden und ihm zugewinkt. Nachdem er gehalten habe, bat ihn Ortner, ihn mitzunehmen. Er wollte nach München zu seinen Eltern. Da habe er (Tetzner) gleich den Gedanken gehabt: ›Den Mann könntest du dazu nehmen.‹ Er fuhr mit ihm weiter, und in Hof gab er ihm sogar noch Geld, damit sich Ortner rasieren lassen und sich Kragen und Schlips kaufen sollte, ›denn‹, so sagte der Angeklagte ganz ruhig, ›er mußte doch nachher einigermaßen wie ich selbst aussehen, wenn man ihn fand.‹ (Große Bewegung.) Hinter Nürnberg, als es schon dunkel war, schritt er dann zur Tat. ›Zufällig trat gerade eine Motorpanne ein, und nun hielt ich die Gelegenheit für günstig, hielt an und sagte Ortner, er solle unter den Wagen kriechen und Oel ablassen. Dann nahm ich den Wagenheber, und als Ortner wieder unter dem Wagen vorkam, schlug ich auf ihn ein und hielt ihm dann noch einen Aetherlappen vor. Ortner wehrte sich aber und schlug mit einem Schraubenschlüssel zurück. Schließlich floh er blutüberströmt in den nahen Wald.‹

Vorsitzender: ›Sie geben als zu, daß Sie Ortner töten wollten?‹

Tetzner: ›Ob ich ihn töten wollte, weiß ich nicht.‹

Vorsitzender (scharf): ›Aber Sie wollten ihn doch auf jeden Fall nachher verbrennen. Da ist es doch gleich, ob Sie ihn vorher töten oder nur betäuben wollten. Weshalb haben Sie sich dann nachher, nach Ihrer Rückkehr nach Leipzig, von Ihrer Frau Pfeffer geben lassen?‹

Tetzner: ›Ich wollte dann den nächsten, den ich bekam, durch Pfeffer blenden und ihn dann anstecken.‹

Vorsitzender: ›Sie wollten ihn bei lebendigem Leibe verbrennen? Das ist doch entsetzlich. Sie sind doch kein Kind, sondern ein erwachsener Mann. Wie kamen Sie bloß auf diese furchtbaren Gedanken?‹ (Große Bewegung.)

Der Angeklagte schweigt.

Der Tod des unbekannten Wanderburschen.

Dann äußerte sich Tetzner zu der eigentlichen Mordanklage, wobei der Vorsitzende feststellte, daß seine heutige Darstellung in den wesentlichen Punkten von seinen früheren Angaben abwich. Er sei am 26. November 1929 zum zweiten Male von Leipzig fortgefahren. Nachmittags, hinter Bayreuth, sei plötzlich in der Kurve ein Mann vor seinem Wagen aufgetaucht. Er habe den Wagen nicht mehr bremsen können, weil er ins Schleudern geraten sei. Er habe den Unbekannten entweder angefahren oder überfahren. Den am Boden Liegenden habe er in seinen Mantel gewickelt und neben sich ins Auto gesetzt, weil er das Bestreben gehabt habe, den Unfall zu verheimlichen. Nach einigen Kilometern habe der Mann aufgestöhnt. Er habe erkannt, daß mit ihm nichts mehr zu machen sei. (!) Der Schwerverletzte sei dann plötzlich vom Sitz gerutscht und gestorben. Daraufhin habe er (Tetzner) die Leiche auf den Notsitz gelegt und die beiden Koffer nach vorn genommen. Dann sei er weiter nach Nürnberg gefahren und habe sich hier in einer Gastwirtschaft ungefähr drei Stunden lang aufgehalten.

Vorsitzender: Sie wollen also behaupten, Sie hätten den Wagen mit der Leiche ruhig draußen stehen lassen, während Sie im Lokal saßen?

Tetzner: Ja. Dann fuhr ich weiter, und es kam mir der Gedanke, die Leiche zu verbrennen.

In diesem Zusammenhang bestritt der Angeklagte sehr energisch den Vorhalt des Vorsitzenden, daß auf Grund von Zeugenaussagen der Verdacht bestehe, Tetzner habe hinter Nürnberg, vor Hohenschambach, längere Zeit in einem Wald angehalten. Weiter hielt der Vorsitzende dann Tetzner vor, daß er die Dummheit begangen habe, in München ein Lokal in nächster Nähe des Verlages aufzusuchen, wo ihn Angestellte des Verlages erkannt und angetroffen hatten. Tetzner schilderte weiter, daß er sich dann von München sofort nach Paris begeben habe, von wo er nach Straßburg gefahren sei. Von dort habe er unter dem Namen Stranelli seine Frau angerufen, habe sie nicht angetroffen und beim zweiten Anruf habe sich dann die Polizei gemeldet, und er sei in Straßburg verhaftet worden.

Vorsitzender: Sie haben bei Ihrem ersten Verhör in Straßburg durch einen Leipziger Regierungsrat angegeben, Sie hätten den Handwerksburschen auf dessen Wunsch mitgenommen und dann den Ahnungslosen lebendig verbrannt.

Tetzner: Ich dachte, diese Darstellung wäre günstig für mich, deshalb habe ich das so gesagt.

Vorsitzender (sehr scharf): Sie sind doch ein über den Durchschnitt intelligenter Mensch; Sie bekennen sich also des grauenhaften Mordes schuldig, nur um zu verschleiern, daß Sie eventuell jemanden fahrlässig überfahren haben? Da stehe ich vor einem Rätsel.

Tetzner: Ich habe diese Darstellung auf den Rat eines anderen Gefangenen gegeben, mit dem ich vor dem Verhör in Straßburg sprechen konnte.

Vorsitzender: Das ist völlig neu. Das haben Sie ja noch nie behauptet.

Trotz aller energischen Vorhalte wegen der Unsinnigkeit dieser Darstellung blieb der Angeklagte dabei, worauf der Vorsitzende schließlich feststellte, daß er erst nach fünf Monaten diese Darstellung widerrufen habe, nämlich in dem Augenblick, als er von dem Gutachten des Professors Kockel (Leipzig) gehört habe, wonach der Verbrannte schon vorher totgewesen sein müsse. Seit diesem Zeitpunkt habe Tetzner behauptet, er habe den Handwerksburschen fahrlässig überfahren.

Eine verfängliche Frage.

Professor Molitoris schnitt dann mit einigen Fragen an den sehr interessanten Komplex an, wo die Arme und die Beine der verbrannten Leiche des Handwerksburschen geblieben seien. Tetzner erwiderte aber ausweichend, daß, als er den Wagen in Brand gesteckt habe, die Arme und Beine sich noch an der Leiche befunden hätten. Im Übrigen wurde dann dieser Fragenkomplex noch zurückgestellt. Es kam noch zur Sprache, daß Tetzner seiner Frau geraten habe, sie solle bei seiner vermeintlichen Beerdigung zu Hause bleiben, falls sie sich nicht stark genug fühle.

Frau Tetzner belastet ihren Mann.

Nach einer kurzen Pause wurde dann in die Vernehmung von Frau Tetzner eingetreten. Sie erklärte schluchzend, daß sie mit ihrem Manne ganz gut gelebt habe und berichtete dann weiter, wie es zu der Versicherung ihrer Mutter gekommen ist, und daß sie im Anschluß an einen Motorradunfall sehr viel mit den Nerven zu tun gehabt habe, so daß ihr Willenszustand geschwächt gewesen sei und sie alles getan habe, was ihr Mann von ihr verlangte.

Vorsitzender: ›Ist es richtig, daß Ihr Mann nach dem Tode Ihrer Mutter den Vorschlag machte, seine eigene Mutter mit zwanzigtausend Reichsmark zu versichern?‹

Frau Tetzner: ›Ja, wir wollten das tun, und wir wollten zu seiner Mutter ziehen. Ich wollte es nicht, und ich habe ihm noch gesagt: ›Es sterben nicht alle Menschen, die du versicherst.‹ Er aber antwortete mir: ›Mit zehn- bis fünfzehntausend Reichsmark in der Tasche kann ich zu dem gelangen, was ich brauche.‹ (Große Bewegung.)

Vorsitzender: ›Wie haben Sie das verstanden? Haben Sie angenommen, daß Ihr Mann seine Mutter umbringen würde?‹

Frau Tetzner (weinend): ›Ja, ich habe angenommen, er wollte Gift besorgen.‹ (Große Bewegung.)

Vorsitzender (sehr ernst und eindringlich): ›Ist das auch die Wahrheit? Ihre Aussage ist von einer furchtbaren Tragweite. Sie kann für Ihren Mann, der er ja noch immer ist, außerordentlich schädlich sein. Ist es die Wahrheit?‹

Die Angeklagte nickt unter Tränen. Auf die Frage, ob ihr Mann sie niemals hypnotisiert habe, erklärte die Frau, daß er es an ihr nicht probiert habe, wohl aber an ihrer Mutter. Wenn er ihr die Hand auf die Stirn gelegt habe, sei sie trotz großer Schmerzen eingeschlafen, und er habe auch immer wieder geäußert, er könne seinen Willen auf andere Personen übertragen.«

In jenen Jahren war Hypnose allgegenwärtig. Von den Varietébühnen verzauberte sie das Publikum, aus dem einige die Verführung auf der Bühne über sich ergehen ließen. Hermann Steinschneider machte unter dem Künstlernamen Jan Hanussen damals Karriere und scharte um sich Jünger, die politischen Einfluss hatten. Seine »Intention richtete sich auf Macht, Erfolg, Vermögen und Lust. Dazu waren ihm viele Mittel recht« (Wilfried Kugel). Viele, die auch privat ihre Sorgen, Nöte, Ängste Sterndeutern, Wahrsagern und Hellsehern anvertrauten und auf ein gutes Ende hofften, zog er in seinen Bann. Doch barg diese Kunst Gefahren, die schäbige Charaktere für den eigenen Vorteil zu nutzen wussten: »Es gibt Lobredner des Hypnotismus: sie erblicken in ihm ein neues wirksames Mittel, welches den Aerzten Krankheiten zu erkennen und Krankheiten zu heilen gestattet. Es gibt aber auch Schwarzseher, die vor der Schädlichkeit hypnotischer Versuche warnen und in der Ausbreitung derselben schwere Gefahren für die Menschheit wittern. Es wurde erst kürzlich in Folge einiger Vorfälle die interessante Frage aufgeworfen, in wie weit der Hypnotismus zu verbrecherischen Zwecken mißbraucht werden kann und welche Stellung ihm gegenüber die Gerichte einzunehmen haben. Wir wissen ja, daß die Hypnotisierten ihren eigenen Willen verlieren und den Eingebungen des Operators, welcher sie in den Zustand der Hypnose versetzt hat, blind folgen. Die Hypnotisierten tun Alles, was ihnen befohlen wird, Gutes und Böses ohne

Unterschied. Sie sind auch im Stande, Verbrechen zu begehen, vor denen sie in wachem Zustande zurückschaudern würden. Sie sind auch, wenn die Hypnose vollständig ist, nicht fähig, sich selbst zu wehren; man kann mit ihnen vornehmen, was man will, und sie zu Handlungen, welche sie selbst schädigen, veranlassen. Die Möglichkeit eines derartigen verbrecherischen Handelns muß an und für sich zugegeben werden, und die Gemeingefährlichkeit desselben wird um so augenscheinlicher, wenn wir einige besondere Erscheinungen des Hypnotismus in Betracht ziehen. Der blinde Gehorsam, mit welchem der Hypnotisierte die Befehle des Operators ausführt, erstreckt sich nicht allein auf die Zeit des hypnotischen Schlafes. Wir können unter Umständen dem Hypnotisierten aufgeben, daß er eine Stunde nach dem Erwachen einen Schrank öffnet und das in demselben liegende Geld an sich nimmt. Mit peinlichster Genauigkeit führt er diesen Auftrag aus, indem er unter dem Einfluß eines unwiderstehlichen Dranges handelt. Die Wirkung der ›Suggestion‹, dieser sonderbaren Eingebung, erstreckt sich erwiesenermaßen in zahlreichen Fällen auf Stunden und sogar Tage und Monate nach dem Erwachen aus dem hypnotischen Schlafe. Es liegt auf der Hand, daß unter solchen Umständen der Hypnotisierte zu einem mit fürchterlicher Sicherheit arbeitenden Werkzeug eines Verbrechers werden kann. Dazu kommt noch ein anderer schwer wiegender Umstand: die Trübung der Gedächtniskraft des Kranken. In der Regel erinnert sich der Hypnotisierte des während der Hypnose Vorgefallenen nur dunkel, wie ein Erwachender sich der Vorgänge während des Schlafes erinnert. Es steht aber in der Macht des Operators, den Hypnotisierten Alles vergessen zu lassen, was sich unmittelbar vor und während des Hypnotisierens ereignet hat, und ihm lediglich das Wissen des geplanten verbrecherischen Anschlags zu belassen. Dann weiß der Unglückliche in der Tat nicht, wer ihn hypnotisiert, wer ihn zu der verhängnisvollen Handlung bestimmt hat«, heißt es in einer Illustrierten jener Zeit.

Vorstellbar, dass Kurt Erich Tetzner seine Magie auf Schwiegermutter und die Gattin wirken ließ. Auch Alois Ortner und der junge Strobel ahnten nicht, dass der nette Automobilist den Mord an ihnen plante. War Emma Tetzner *Eine Frau unter Einfluss?*

»Unter immer stärker werdenden Schluchzen schildert die Frau Tetzner dann, wie ihr Mann immer gegen ihren Widerstand die eigentliche Tat vorbereitet habe.

›Ich habe nie eingewilligt!‹, schrie sie auf, und dabei blieb sie, auch trotz aller Vorhaltungen des Vorsitzenden. Aus einem Brief an ihren Bruder kam zur Sprache, daß sie selbst gern arbeiten wollte, daß ihr Mann aber gesagt habe: ›Heute arbeiten nur noch die Dummen.‹

Schließlich war aus ihren, unter fortwährendem Weinen gemachten Aussagen herauszuhören, daß sie sehr wohl gewußt habe, wie sie sich nachher verhalten sollte, daß sie aber niemals eine direkte Zusage gemacht habe.

Vorsitzender: ›Sie haben aber hinterher genauso gehandelt, wie Ihr Mann es Ihnen vorgeschrieben hatte.‹

Frau Tetzner: ›Ich habe mich ja auch geweigert, an dem Begräbnis eines anderen teilzunehmen.‹

Auf der Heimreise nach Leipzig vergnügt …

Vorsitzender: ›Sie sind schon in Regensburg aufgefallen, weil Sie so ausgesprochen gleichgültig waren, und auf der Heimreise nach Leipzig sollen Sie direkt vergnügt gewesen sein. An der Beerdigung in Leipzig haben Sie dann ›in tiefer Trauer‹ teilgenommen und haben heftig geweint.‹

Frau Tetzner: ›Ich habe nur geweint, weil mir der arme Mensch leid tat, der da lag.‹

Vorsitzender: ›Dann haben Sie die Versicherungsgesellschaften telegraphisch benachrichtigt. Warum haben Sie nicht lieber auf das ganze Geld verzichtet und Ihrem Manne erklärt, Sie würden sich lieber scheiden lassen, als daß Sie in alles einwilligten?‹

Frau Tetzner: ›Ich konnte ihm nicht mehr widerstehen.‹

Es kam dann zu weiteren Vorhaltungen und Auseinandersetzungen über die Frage, ob die Frau die Tat ihres Mannes direkt und bewußt unterstützt oder nur stillschweigend gebilligt habe. Bei diesen Erörterungen kam es auch wiederholt zu Gegensätzlichkeiten zwischen den zwei Verteidigern in Anbetracht der verschiedenartigen Interessen.

Gegen 12.30 Uhr war die Vernehmung der Frau Tetzner beendet, und der Vorsitzende ließ eine 2 ¼ stündige Pause eintreten.

Ortner als Zeuge.

Zu Beginn der Nachmittagssitzung im Tetzner-Prozeß wurde unter allgemeiner Spannung der Hauptzeuge, der 23jährige Schlosser Alois Ortner aus München vernommen, auf den Tetzner den ersten Ueberfall ausgeführt hatte. Der Zeuge hatte in Norddeutschland, und zwar in Berlin, gearbeitet und wanderte über Sachsen nach Süddeutschland, um zu seinen Eltern nach München zurückzukehren Am 21. November 1929, kurz vor Hof, gab er einem herankommenden kleinen Wagen, wie es die Handwerksburschen oft tun, das Zeichen, daß er gern mitfahren wolle.«

Mit der Automobilität kam auch das Trampen in Mode: es war schnell, es war günstig und jederzeit möglich. Bereits in den 1920er-Jahren wurde es vor allem bei jungen Menschen aus der Wandervogelbewegung Mode, Trampen als Alternative zu den oft teuren öffentlichen Verkehrsmitteln zu gebrauchen. In der Weltwirtschaftskrise nutzten Wanderarbeiter diese Art des Fortbewegens von einem Arbeitsort zum nächsten, anderen wurde Trampen zum Kult:

Und halten wir ein Auto an
fährt es vorbei, so schnell es kann
fluchen wir ganz leise, ach,
verdammt es Sch … adet nichts
der nächste nimmt uns mit.

Trampen wir zur letzten Fahrt
Ja, und das Scheiden, das wird hart
Sind die Stunden überwunden
Die Sonn' hat uns gelacht
Sind die Stunden überwunden
Die Sonn' hat uns gelacht.

Mit dem Aufkommen des Trampens diskutierte man dessen Risiken, denn Fahrer und Mitfahrer blieben sich meist anonym, zumindest war es leicht, falsche Identitäten anzunehmen. Anhaltermorde werden zum Begriff bei Serienmördern.

Stadtgespräch in Dresden 1973: Studentinnen, die auf der Hansastraße per *Autostopp* mitgenommen wurden, werden vergewaltigt. Erst vier Jahre später fasst man den Täter, zwei Morde können ihm nachgewiesen werden. Ob es mehr gewesen sind, bleibt offen. Egidius Schiffer ging als *Würger von Aachen* in die Kriminalgeschichte ein. Er hielt nächtens in der Nähe von Diskotheken, wenn Mädchen Heimfahrgelegenheiten suchten. Fünf überlebten nicht. Die Sendung *xy ungelöst* fahndete von 1968 bis 2008 fünfunddreißigmal nach solchen Tätern, erstaunlich viele wurden nicht gefasst. Auch Erpressung und Raub lassen sich auf diese Weise leicht initiieren.

Der Jindrich Poláks Film *Per Anhalter in den Tod* kam 1978 in die Kinos der DDR. »Zwei junge Anhalterinnen werden von einem LKW-Fahrer, einem gewalttätigen und verhaltensgestörten Mann, vergewaltigt und ermordet. Er kann sich zunächst einer Verhaftung entziehen, wird dann jedoch durch eine Blitzoperation der Polizei unschädlich gemacht. Nach einem authentischen Fall konstruierter Film, der sowohl den Opfern als auch dem Täter gerecht werden will.« Den Reißer *Kalifornia* sah man 1993: »Der Journalist Brian Kessler (David Duchovny) und seine Lebensgefährtin, die Fotografin Carrie (Michelle Forbes), arbeiten an einem Buch über die größten Serienmorde der USA. Für ihre Recherchen reisen sie quer durch die USA zu den Orten, an denen die Killer ihr Unwesen getrieben haben. Ihr Endziel ist Kalifornien. Um die Reise finanzieren zu können, nehmen die beiden den heruntergekommenen Early Grayce (Brad Pitt) und dessen Freundin Adele (Juliette Lewis) mit, ohne zu ahnen, dass dieser ein Mörder ist.«

Auch die TV-Krimireihen von *Der Kommissar*: *Die Anhalterin* (1971), *Polizeiruf 110*: *Per Anhalter* (1974) *Tatort*: *Schüsse in der Schonzeit* (1977) und *Derrick*: *Keine schöne Fahrt nach Rom* (1984) und widmen sich dieser Art Verbrechen, das auch im Kriminalroman Verwendung findet: J. F. Straker: *Die Anhalterin* (1978), Klaus Möckel: *Variante Tramper* (1984) oder bei Andreas Franz: *Unsichtbare Spuren* (1999).

Zeuge Alois Ortner führt vor dem Regensburger Landgericht im Falle Kurt Tetzner weiter aus. Der Bericht: »Der Automobilist hielt auch an und lud ihn ein, mitzufahren, stellte sich unterwegs als ein Leipziger Kaufmann vor, der auch nach München wolle und behandelte ihn ungewöhnlich freundlich. In Hof gab er ihm vier Mark; er solle sich rasieren lassen und sich einen Kragen und einen Schlips kaufen. Dann fuhren sie weiter nach Bayreuth, wo sie Mittag aßen. Auch während der ganzen Fahrt traktierte ihn Tetzner mit Zigaretten. In Nürnberg aßen sie zu Abend und dabei äußerte der Angeklagte, Ortner könne soviel trinken, wie er wolle. Auf der Weiterfahrt, meinte er dann, ob er nicht ein bißchen schlafen wolle. Er könne ruhig einschlafen. Aber Ortner konnte während der

Fahrt nicht die Augen schließen und blieb wach. Nachdem noch getankt worden war, hielt Tetzner kurz vor Ingolstadt plötzlich an, stieg aus und sah nach dem Motor. Darauf forderte er auch Ortner auf, auszusteigen, legte ihm eine Decke neben den Wagen und sagte, er solle unter das Auto kriechen und Oel ablassen, was der Handwerksbursche auch bereitwillig tat. Der ihm dazu gegebene Schraubenschlüssel war aber zu klein, und als er einen größeren verlangte, sagte Tetzner, er habe keinen. Er solle es nur noch einmal versuchen. Dabei kramte er aber im Werkzeugkasten herum, als ob er etwas suche. Nach vergeblichen Bemühen, das Oel abzulassen, kroch Ortner wieder hervor. Als er mit dem Oberkörper wieder unter dem Wagen hervor war, bekam er plötzlich einen Schlag über die Schulter. Er dachte zunächst, Tetzner mache sich einen Scherz und versuchte, sich umzudrehen. Im nächsten Augenblick erhielt er einen furchtbaren Hieb über den Kopf, und nun merkte er, daß es um sein Leben ging. Er versuchte seinen Kopf gegen die auf ihn herniederprasselnden Hiebe zu decken und sich gleichzeitig herumzudrehen, was ihm dann auch schließlich gelang. Es kam zu einem erbitterten Ringkampf auf Leben und Tod zwischen ihm und dem auf ihm liegenden Tetzner, der sich vergeblich bemühte, seinem Opfer einen Aetherlappen vor das Gesicht zu drücken. Endlich gelang es dem trotz des Blutverlustes noch ungeschwächten Handwerksburschen, seinen Angreifer durch einen Schlag mit dem Schraubenschlüssel abzuwehren, sich zu befreien und zu flüchten. Von dem nahegelegenen Walde aus konnte er noch beobachten, wie Tetzner ihm nachzusetzen versuchte und mit der Taschenlampe nach ihm leuchtete.

Auf Umwegen gelangte Ortner blutüberströmt schließlich nach Gaimersheim. Niemand schenkte ihm nach seinen Angaben Glauben. Insgesamt lag der Handwerksbursche, der eine schwere Kopfwunde erhalten hatte und dem Nase und Oberlippe gespalten waren, vierzehn Tage im Krankenhaus in Ingolstadt.

Es folgt eine kurze Vernehmung einer früheren Hausangestellten der Familie Tetzner, einer Katharina R. Dann folgten eine ganze Reihe von Zeugen aus der Umgebung von Regensburg und von Etterzhausen, größtenteils Arbeiter, die in den frühen Morgenstunden des 27. November 1929 das brennende Auto gefunden hatten.

Dann begab sich das Gericht mit allen Prozeßbeteiligten und den Angeklagten in den Hof des Gerichtsgebäudes zur Besichtigung des Mordwagens. An die Ueberreste seines Kraftwagens, die er zum erstenmal nach Fünfvierteljahren jetzt wieder sah, ging Tetzner ohne jede Erregung oder Reue heran und schilderte mit gleichgültiger Stimme, wie er das Benzin herumgegossen und angesteckt habe.

Dann wurde die Verhandlung wieder fortgesetzt und zunächst die beiden Gendarmeriebeamten vernommen, die die ersten Feststellungen am Tatort getroffen haben. Kommissar Pfeifer aus Etterzhausen hat durch Anruf in Leipzig gleich festgestellt, daß Besitzer und Führer des Wagens ein Kaufmann Tetzner war. Sehr ausführlich äußerte sich sowohl als Zeuge als auch als Sachverständiger der Gendarmeriehauptwachmeister Beck aus Regensburg. Er fand das Verhalten der Frau Tetzner merkwürdig, die nach ihrem ersten Erscheinen auf der Polizei, am anderen Tage noch einmal wiederkehren wollte, aber stattdessen, ohne sich abzumelden, nach Leipzig zurückfuhr. In diesem Zusammenhang richtete der Beamte Angriffe gegen die Leipziger Kriminalpolizei.

So habe Regensburg ein Bild Tetzners angefordert, aber bis heute noch nicht erhalten, während es in der Presse bald erschienen sei. In Leipzig habe man es auch abgelehnt, die Leiche zu beschlagnahmen und habe die Beerdigung vorgenommen. Ebenso habe man sich geweigert, Frau Tetzner festzunehmen mit der Begründung, daß sie viel zu gebrochen sei, um schuldig zu sein, und daß man sie auch in diesem Zustande gar nicht verhören könne. Sie sei sicher unschuldig. Als dann Beck bei einem der vielen mit Leipzig geführten Ferngespräche immer energischer auf die Festnahme der Frau Tetzner drang, soll ihm ein Oberregierungsrat der Leipziger Polizeibehörde geantwortet haben: ›Sie reden direkt einen Mist daher!‹ (Allgemeine Heiterkeit)

Schließlich hätten die Leipziger die Entsendung eines Regensburger Beamten mit der Begründung verlangt, sie müßten jetzt die Presse von dem Fall verständigen, obwohl die Staatsanwaltschaft das bisher verboten habe. Außerdem könnten sie die Tetznersche Wohnung nicht mehr länger überwachen, es dauere sowieso schon zu lange. Erst als dann festgestellt worden sei, daß Tetzner unter dem Namen Stranelli angerufen habe, sei Frau Tetzner verhaftet worden und habe dann sofort ein Geständnis abgelegt.

Ueber Tetzner sagte der Zeuge noch aus, daß er während der Haft dem Erkennungsdienst zur Behandlung vorgeführt worden sei und zwar kurz vor dem Zeitpunkt, nachdem Tetzner sein erstes Mordgeständnis widerrief. Damals habe sich Tetzner geäußert: ›Für mich ist die Todesstrafe das Beste.‹ Wenige Tage später habe er dann das Mordgeständnis widerrufen und behauptet, daß er den Handwerksburschen ohne eigene Schuld überfahren habe.

Zu erneuten Zusammenstößen zwischen den Verteidigern kam es dann bei der Vernehmung des Leipziger Kriminaloberkommissars Leidert, als dieser auf wiederholtes Vorhalten von Rechtsanwalt Dr. Strauß erklärte, daß Frau Tetzner in einer gewissen Abhängigkeit von ihrem Mann gewesen sei und daß der Vater Tetzners nach Bekundungen von verschiedenen Bekannten magnetische und hypnotische Kräfte gehabt habe. Dagegen sei die Behauptung, die Kriminaldirektion Leipzig habe Tetzner als Medium zur Aufklärung von Verbrechen verwandt, völlig unrichtig.

Regierungsrat von Criegern vom Polizeipräsidium Leipzig war auf Meldung von der Verhaftung Tetzners in Straßburg sofort mit dem Flugzeug dorthin geeilt, um die erste Vernehmung vorzunehmen. Er bekundete, daß Tetzner sofort den Mordversuch, wie den Mord zugegeben und die Verbrennung des Handwerksburschen bei lebendigem Leibe eingehend geschildert habe. Trotz aller Vorhalte sowohl seitens des Regierungsrates, wie auch seitens der französischen Polizei sei Tetzner, der damals völlig gebrochen gewesen sei und dauernd geweint habe, bei dieser Darstellung geblieben. Er habe außerdem noch seine Frau insofern belastet, als er sie als die eigentliche Anstifterin des ganzen Planes bezeichnete. Er (Tetzner) habe sich eigentlich nach Abschluß der Versicherung das Leben nehmen wollen, um wenigstens seiner Familie das Geld zu erhalten, aber seine Frau habe erklärt, das könne er anders machen. Auch vor dem Amtsgerichtsrat Gerbl aus Mühlheim in Baden, dem er sogleich nach seiner Auslieferung aus Straßburg vorgeführt wurde, hat Tetzner sein Geständnis, er habe den Handwerksburschen lebendig verbrannt, wiederholt, ebenso auch einem Mitgefangenen gegenüber, mit dem er damals in einer Zelle untergebracht war.

Die Verhandlung wurde dann auf Mittwoch früh 8 ½ Uhr vertagt.«

Die Leipziger Kriminalpolizei zu den Angriffen des Hauptwachmeisters Beck: »Auf unsere Anfrage teilt uns Oberregierungsrat Heiland vom Leipziger Polizeipräsidium mit, daß die Aussage des Gendarmeriehauptwachmeisters Beck aus Regensburg über das Verhalten der Leipziger Kriminalpolizei in der Mordsache Tetzner die Tatsachen einfach auf den Kopf stelle. Die Leipziger Stellen haben stets auf rascheste Klärung des Falles hingearbeitet und auf eine schnelle Verhaftung der Frau Tetzner gedrungen. Im Übrigen müsse er es ablehnen, in der Oeffentlichkeit auf ein solches Verhalten und eine solche Tonart eines Beamten weiter einzugehen.«

Die Verhandlung wird fortgesetzt. Zuschauermassen begehren Einlass, viele, die dem Prozess nicht beiwohnen können. Am Donnerstag, dem 19. März, kann man unter anderen die Schlagzeile lesen:

»Heftiger Streit der Sachverständigen.

Aus Regensburg wird uns berichtet: Am zweiten Tag im Tetzner-Prozeß war der Andrang des Publikums wieder so außerordentlich stark, daß sich gleich zu Beginn der Sitzung Ohnmachtsanfälle in dem überfüllten Zuhörerraum ereigneten. Die Angeklagten standen sichtlich unter dem Eindruck des ersten Verhandlungstages. Frau Tetzner hatte verweinte Augen und ihr Mann war noch blasser als sonst und starrte niedergeschlagen vor sich hin.

Vernehmung des Untersuchungsrichters.

Als erster Zeuge wurde der Untersuchungsrichter, Landgerichtsrat Schmitt – Regensburg, vernommen. Er erklärte, daß Frau Tetzner außerordentlich entrüstet gewesen sei, als man ihr vorhielt, daß ihr Mann bei seiner Vernehmung in Straßburg sie als die Anstifterin des ganzen Planes bezeichnet habe. Sie habe ihn daraufhin erheblich belastet und erklärt, der ganze Plan stamme von ihm. Im Zusammenhang hiermit teilte der Untersuchungsrichter mit, daß Tetzner damals Angaben über die Person des verbrannten Handwerksburschen gemacht habe. Er habe erzählt, daß dieser einen fremdländischen Namen gehabt habe, daß er ein Sägewerksarbeiter aus der Tschechoslowakei gewesen sei, der keine Eltern, sondern nur noch Geschwister besessen habe. Der Name sei ihm aber entfallen. Tetzner habe dann auch ihm, dem Untersuchungsrichter, immer wieder trotz aller Vorhalte erklärt, daß er den Handwerksburschen lebendig verbrannt habe. Dabei sei er auch geblieben, als man ihm das medizinische Gutachten, wonach das nicht möglich sei, vorgehalten habe. Hundertmal habe er immer wieder nur die stereotype Antwort gegeben: ›Kommt nicht in Frage. Ich habe ihn lebendig verbrannt.‹ Das habe man ihm schließlich auch geglaubt, weil inzwischen festgestellt war, daß der Türverschluß an dem Kraftwage von einem Unkundigen nicht so einfach zu öffnen gewesen sei. Anfang Mai sei dann plötzlich der Umschwung bei Tetzner eingetreten. Er habe ihm, dem Untersuchungsrichter, einen Brief geschrieben, er könne sein Mordgeständnis nicht mehr aufrechterhalten. Er habe den Handwerksburschen nur überfahren.

Daraufhin hat ihn der Untersuchungsrichter gefragt: ›Wollen Sie behaupten, daß Ihnen für Ihren Mordplan ein gütiges Schicksal eine Leiche direkt auf den Weg hinpräpariert hat?‹ Tetzner hat geantwortet: ›Ja, das will ich behaupten. Ein gütiges Schicksal hat mir die Leiche hingelegt.‹

Auch die weitere Frage, warum er sich denn angesichts dieses für ihn günstigen Tatbestandes fünf Monate hindurch des Mordes selbst beschuldigt hätte, habe er erwidert, er habe laienhafte Vorstellungen über den Tatbestand des Mordes gehabt und außerdem habe er geglaubt, daß seine erste Darstellung ihm in der Oeffentlichkeit weniger verübelt werden würde. Von seiner jetzigen Darstellung, daß ihm in Straßburg ein Mitgefangener diese Aussage angeraten habe, sei damals nicht die Rede gewesen. Im Hinblick auf eine nicht ganz richtige Darstellung der Tat in dem für das Auslieferungsverfahren erlassenen Haftbefehl erklärte Landgerichtsrat Schmitt: ›Wir bezogen damals unsere richtigen Informationen erst aus der Presse, die viel schneller und besser orientiert war. Wir hinkten mit unseren Feststellungen immer hinterher.‹

Dann kam noch zur Sprache, daß das Lokal ermittelt wurde, in dem Tetzner sowohl mit Ortner als auch mit dem später getöteten Handwerksburschen eingekehrt war. Man konnte sich dort aber nicht mehr entsinnen, ob er beide Male einen Begleiter gehabt habe. Nach Tetzners zweiter Darstellung habe er an diesem Restaurant, dem *Tiefen Keller* (bis 1965 am Frauentorgraben 17, heute Sozialamt) gegenüber der Lorenzi-Kirche in Nürnberg, die Leiche des Ueberfahrenen einfach im Notsitz des Wagens gelassen und sei allein ins Lokal gegangen. Er müßte also den Wagen mit der Leiche drei Stunden lang in der belebtesten Straße Nürnbergs stehen gelassen haben, was sehr unwahrscheinlich ist. Auf eine Frage der Verteidigung betonte der Untersuchungsrichter, daß alle Nachforschungen nach dem Toten vergeblich gewesen seien. Es trieben sich im Deutschen Reich Hunderte von Menschen auf den Landstraßen umher, um die sich niemand kümmere. Mütter suchen ihre Söhne.

Vorsitzender: Ich habe in den letzten Tagen Briefe von Müttern bekommen, die mir die Bilder ihrer Söhne schickten und mich baten, festzustellen, ob diese von Tetzner verbrannt worden seien. Sie werden seit Ende November 1929 vermißt.«

Die Wirtschaftskrisen nach dem Ersten Weltkrieg ließen die Arbeitslosenzahlen in die Höhe schnellen. Es gab viele Menschen, die es aus ihrer angestammten Heimat hin zu Geldverdienstmöglichkeiten zog. Heerscharen von Erwerbs- und Wohnungslosen zogen durch Deutschland. Junge Frauen aus den Dörfern verdingten sich als Dienstmädchen in den Haushalten von begüterten Städtern, manche gerieten in den Strudel von Tingeltangel und Prostitution. »Eine große Zahl der Industriearbeiter lebte nicht mit der Familie zusammen: Während Frau und Kinder weiterhin im heimischen Dorf wohnen, geht der Mann für die Arbeitswoche oder, wenn die Entfernung zwischen Wohn- und Arbeitsort zu groß ist, gar für Monate in die Stadt. Nur wenige Wanderarbeiter können unter der Woche bei einem Verwandten in der Stadt unterkommen. Die meisten mieten sich vielfach nur einen Schlafplatz, entweder in einer Massenunterkunft oder als Untermieter in einer Etagenwohnung. Direkt nach dem Arbeitsende am Samstag macht sich der Arbeiter dann auf den Weg in sein Heimatdorf zu seiner Familie. Doch Freizeit hat er nicht: Der Sonntag ist vielfach mit Ausbesserungsarbeiten oder mit Feld- bzw. Gartenarbeit ausgefüllt. Am Sonntagabend, manchmal auch am Montagmorgen macht er sich auf den Weg zurück in die Stadt, direkt zu seinem Arbeitsplatz.« Auch Alois Ortner und der namenlose Tote, der im Feuer des *Opel-Laubfroschs* saß, waren nach Wochen auf dem Weg nach Hause die familiäre Geborgenheit.

Keiner kann in jenen Jahren die Massen zählen, die der Arbeit wegen auf deutschen Straßen unterwegs sind. Eltern wissen nicht, wo ihre Kinder sind, wie es ihnen geht. Manche kehren tatsächlich niemals wieder, weil sie perversen Mördern in die Hände fielen. Fritz Haarmann, der *Wehrwolf von Hannover*, nahm in die Stadt kommende *Puppenjungen* mit auf das Zimmer. »Er hat sicher außer den 27 nachgewiesenen Fällen noch zahlreiche weitere auf dem Gewissen gehabt. Z. B. aus den Jahren 1919-21 ist Belastungsmaterial nicht erbracht worden. Rein gefühlsmäßig möchte ich im Vergleich zu den nachgewiesenen Fällen die Gesamtzahl der von Haarmann ermordeten Jungen auf über 100 beziffern«, spekuliert der an der Aufklärung beteiligte Kommissar. Ähnlich hoch liegt wahrscheinlich die Dunkelziffer im Falle des Karl Denke, dem zweiundvierzig Morde angelastet werden. *Papa Denke* galt als schrullig, liebenswert, gab Obdachlosen und Wanderarbeitern gern Schlafstatt und auch Essen: Er »handelte im Prinzip klug: Er suchte sich gezielt Landstreicher, Reisende oder Handwerksburschen als Opfer heraus, da deren Verschwinden meist erst Wochen oder Monate später auffiel. Noch heute ist unklar, warum er diesen Zwang hatte, Menschen zu töten und zu essen. Vermutet wird noch immer ein **Sexualtrieb**. Sämtliche Antworten auf offene Fragen nahm Karl Denke jedoch mit in sein Grab.« Aus rein sexuellen Gründen mordete Carl Großmann: Ihn schnappte man bei frischer Tat, dreiundzwanzig Frauen soll er getötet haben. Er suchte und fand seine Opfer auf dem Straßenstrich und dem Anhalter Bahnhof in Berlin. Die sagenhaften Serienmörder sind nur die Spitze des Leichenberges, vermuten Kriminologen und Historiker. Kurt Tetzner suchte in der gleichen Klientel seine Opfer. Einer sollte an seiner statt sterben. Einer starb und war nicht mehr zu erkennen.

»Dann kamen die medizinischen Sachverständigen zu Wort. Der Regensburger Gerichtsarzt Dr. Bunz schilderte zunächst den Befund der Leiche. Es habe sich um einen verkohlten Torso ohne Unterschenkel und Arme gehandelt. Trotzdem habe an am Körper feststellen können, daß sich weder Schuß- noch Stichwunden darin befanden, während am Kopf, von dem nur noch Knochenteile des Gesichts vorhanden waren, keine Feststellungen getroffen werden konnten. Am Tatort wurden keine größeren Knochen weiter gefunden. Hinsichtlich der Veranlagung der Frau Tetzner äußerte sich der Sachverständige dahin, daß sie zwar nicht besonders intelligent, aber auch nicht dumm, moralisch aber sicher weit besser als ihr Mann sei. Der Vater Tetzners soll Magnetiseur gewesen sein; aber Magnetismus habe mit Hypnose ja nichts zu tun. Tetzner und seine Frau selbst hätten bestritten, daß irgendwie mit Hypnose gearbeitet worden sei. Die Frau habe sich in Wirklichkeit gegen den Plan ihres Mannes gesträubt und habe sich nicht willenlos unterworfen. Zu dem Wechsel in der Darstellung des Angeklagten Tetzner erklärte der Sachverständige wörtlich: ›Nicht die Sachverständigen, sondern der gesunde Menschenverstand der Richter wird hier eine Entscheidung zu treffen haben.‹

Besonderes Interesse erweckte das folgende Gutachten des Professors Dr. Kockel, Leipzig, der auf Wunsch einer Versicherungsgesellschaft eine halbe Stunde vor der Beisetzung des angeblich verunglückten Tetzner die Leiche zu obduzieren hatte. Der Sachverständige äußerte sich zunächst ausführlich über den Zustand des fürchterlich verstümmelten Körpers. Bei der Obduktion sei er zu der festen Ueberzeugung gelangt, daß es sich hier erstens nicht um die Leiche Tetzners handeln konnte und zweitens, daß dieser Mann nicht lebendig, sondern als Leiche verbrannt sei.

Der Tote sei viel kleiner und zarter als der ziemlich untersetzte Tetzner gewesen. Außerdem habe man noch Körperhaare gefunden, die rötlich-blond gewesen seien, während Tetzner schwarzhaarig sei. In den noch vorhandenen Lungenteilen habe sich kein Ruß befunden. Man habe vielmehr in der Lunge eine Fettembolie festgestellt, ein untrügliches Zeichen dafür, daß an dem Körper ein Knochenbruch bei lebendigen Leibe eingetreten sei. Schließlich habe sich im Blut kein Kohlenmonoxid gefunden. Daraus gehe hervor, daß dieser Mensch bei der Verbrennung überhaupt nicht mehr geatmet habe, also vorher schon tot gewesen sein müsse. Nach Ansicht der Sachverständigen sollte hier durch die Beseitigung des behaarten Schädels und der sicherlich sehr zarten und kurzen Beine eine spätere Identifizierung der Leiche unmöglich gemacht werden.

Zum Schluß erklärte Professor Kockel, daß die Leiche hinter dem Steuerrad des Wagens gefunden worden sei. Bei einer lebendigen Verbrennung hätte sie aber eine ganz andere Stellung haben müssen. Das Vorhandensein von Gehirnmasse, etwa anderthalb Meter von dem Auto entfernt, lasse darauf schließen, daß an dieser Stelle etwas mit dem Unbekannten gemacht worden sei; was, das könne schließlich nur der Angeklagte selbst sagen.

Dann kam Professor Molitoris, Erlangen, zu Wort, der sich zunächst sehr lebhaft dagegen verwahrte, daß die Presse ihn in einem positiven Gegensatz zu Professor Kockel gebracht habe. Er habe in seinem Gutachten gesagt, der Befund schließe nicht aus, daß die Angaben Tetzners über lebendige Verbrennung richtig seien.

Alles, was Professor Molitoris aber dann vor Gericht

ausführte, war ein einziger Gegensatz zu dem Gutachten Professor Kockels. Er gab lediglich zu, daß das, was Professor Kockel sage, durchaus möglich sein, es aber auch anders sein könne. Das Fehlen von Kohlenoxyd und von Rußteilen sei auch dann zu verzeichnen, wenn der Tod durch Verbrennung sehr schnell eintrete und wenn auch durch einen plötzlichen Schock, namentlich bei Explosionen, die Atmung des Betreffenden sistiert werde. Auch das Vorhandensein einer Fettembolie in der Lunge sei durchaus nicht zwingend. Schließlich widersprach Professor Molitoris auch in allen Punkten den Ausführungen Professor Kockels über die Figur, das Alter und das Aussehen des unbekannten Toten. Er kam zu dem Ergebnis, daß das Geständnis Tetzners, er habe den Handwerksburschen lebendig verbrannt, nicht unbedingt den Erfahrungen der Wissenschaft widerspreche. Hinsichtlich der Frau Tetzner betonte Molitoris noch, daß Zeichen von Geisteskrankheit bei ihr nicht festzustellen gewesen seien. Von Hypnose könne keine Rede sein.

Darauf erhob sich Professor Kockel: ›Der Kollege Molitoris hat mir ungenaue Feststellungen und unzutreffende Schlußfolgerungen vorgeworfen. Darauf kann ich nur sagen: Ich habe schließlich recht behalten, es war doch nicht die Leiche Tetzners, Herr Molitoris, und was die Fettembolie in der Lunge betrifft, so kenne ich zahlreiche Arbeiten, namentlich auch ausländischer Sachverständiger, die das Vorhandensein einer Fettembolie so auswerten, wie ich es hier getan habe. Außerdem sage ich nochmals, die Leiche saß im Wagen links vom Steuer. Das ist sehr wichtig.‹

Professor Molitoris: ›Ich habe Sie nicht angegriffen, Herr Kockel. Meine Auffassung deckt sich nur nicht mit der Ihrigen. Herr Kockel hat mir in seinem letzten Gutachten schwere Fehler vorgeworfen, und auf die muß ich hier antworten. Wie es in den Wald ruft, so schallt es zurück. Ich lasse jedem seine Meinung, ich muß aber auch für mich in

Anspruch nehmen, die meine zu äußern.‹

Als dann einer der Aerzte der Heilanstalt, in der Frau Tetzner untersucht worden ist, sein Gutachten abgeben sollte, kam es plötzlich zu einem Zwischenfall. Frau Tetzner, bei der sich schon Zeichen wachsender Erregung bemerkbar machten, verfiel plötzlich in Schreikrämpfe und brach auf ihrem Stuhl zusammen. Ihr Mann, der bisher vollständig teilnahmslos auf seinem Stuhl gesessen hatte, sprang sofort auf und bemühte sich um sie, ebenso wie die anwesenden Aerzte. Die Verhandlung mußte unterbrochen werden.

Nach einigen Minuten konnte dann die Verhandlung fortgesetzt werden, und die Aerzte der Heilanstalt Regensburg erstatteten ihr Gutachten dahin, daß sowohl Tetzner wie seine Frau voll verantwortlich seien. Insbesondere habe man bei der Frau keinen Zustand der Willenlosigkeit feststellen können.

Die Anträge des Staatsanwalts.

Nach einer kurzen Pause ergriff dann Erster Staatsanwalt Dr. Hebauer das Wort zu seinem Schlußvortrag. Er wies zunächst darauf hin, daß der Fall Tetzner die Oeffentlichkeit in einem außergewöhnlichem Maße beschäftigt habe, daß es sich hier um ein ganz schweres Verbrechen handle, das beispiellos in der Kriminalgeschichte dastehe. Eigenartig wie die ganze Tat seien auch ihre Motive, die Vorbereitungen, das Geständnis und sein Widerruf. Tetzner habe inzwischen in England bereits Schule gemacht. Dort habe sich ein ähnlicher Vorfall ereignet, der inzwischen schon abgeurteilt sei und in dem die Strafe auch bereits vollstreckt wurde. Dann ging der Anklagevertreter auf die Vorgeschichte des Falles und den Lebenslauf des Hauptangeklagten ein. Der mühelose Verdienst von 10.000 Mark durch die Versicherung der Schwiegermutter habe in ihm den Plan reifen lassen, auch seine eigene Mutter zu versichern. Aus den Bekundungen seiner Frau, daß er sich dann Gift kaufen wollte, lasse sich schließen, was für ein Plan ihm vorschwebte. Dann sei er auf den Gedanken gekommen sich selbst zu versichern und diese Tat, die zur Verhandlung stehe, auszuführen. Trotz anfänglicher Einwendungen habe seine Frau zugestimmt und sich bereit erklärt, das zu tun, was ihr Mann von ihr verlangte und auch erwartete. Wäre Tetzner dieser Unterstützung durch seine Frau nicht sicher gewesen, dann würde er die Tat auch nicht ausgeführt haben. In Würdigung des Ergebnisses der Beweisaufnahme kam der Anklagevertreter zu dem Schluß, daß das erste Geständnis Tetzners, wonach der den Unbekannten lebendig verbrannt habe, Glauben verdiene, weil es von ihm völlig freiwillig abgelegt und später auch immer wiederholt worden sei. In diesem Zusammenhang berief sich der Anklagevertreter auch auf das Gutachten Professor Molitoris.

Bei Frau Tetzner dürfe man nicht glauben, daß sie immer einen so gebrochenen Eindruck gemacht habe wie jetzt in der Verhandlung. In diesem Prozeß hätten beide Eheleute offenbar das Bestreben gehabt, sich gegenseitig zu schonen. Frau Tetzner habe nach der Tat ihre Rolle außerordentlich gut gespielt. Wenn auch manche Milderungsgründe für sie vorhanden seien, wie ihre Willensschwäche, so treffe sie doch die ganze Schwere der Verantwortung und die Oeffentlichkeit habe ebenfalls Anspruch auf eine Sühne dieser schweren Tat.

Der Staatsanwalt beantragte gegen den Angeklagten Tetzner wegen Mordes in Tateinheit mit versuchtem Versicherungsbetrug die Todesstrafe, wegen versuchten Mordes zwölf Jahre Zuchthaus und Aberkennung der bürgerlichen Ehrenrechte auf Lebenszeit, gegen Frau Tetzner wegen Beihilfe zum Mord in Tateinheit mit versuchtem Versicherungsbetrug sechs Jahre Zuchthaus, zehn Jahre Ehrenrechtsverlust unter Anrechnung der erlittenen Untersuchungshaft.

Zu Beginn der Nachmittagssitzung befragte der Vorsitzende zunächst den Nebenkläger Ortner, der am Vormittag bei der Stellung des Strafantrages nicht zugegen gewesen war, ob er irgendwelche Anträge stellen wolle. Ortner verneinte das, erklärte aber, er behalte sich Schadenersatzansprüche gegen Tetzner vor.

Tetzners Verteidiger bremst.

Dann ergriff der Verteidiger des Angeklagten Tetzner, Rechtsanwalt Dr. Sauter (München) das Wort zu seinem Plädoyer. Die Rätsel, die dieser Fall von Anfang an aufgegeben habe, seien auch durch die Verhandlung und zwar in ihren wichtigsten Punkten, nicht restlos gelöst worden. Tetzner selbst könne nur das größte Rätsel lösen, nämlich, welche seiner Darstellungen eigentlich richtig seien. Nur, wenn er den Mund aufmache, werde man darüber Klarheit bekommen. Der Verteidiger wandte sich dann vor allen Dingen dagegen, daß Frau Tetzner ihren Mann als den Verführer hinstelle. Dabei sei sie über die Anweisungen ihres Mannes noch hinausgegangen. Zu dem Ergebnis der Beweisaufnahme erklärte Rechtsanwalt Dr. Sauter, daß er die erste Darstellung Tetzners, er habe den Handwerksburschen lebendig verbrannt, auf Grund des Gutachtens von Professor Kockel (Leipzig) der Wahrheit nicht entsprechen könne. Was seine zweite Darstellung betreffe, er habe den Unbekannten überfahren, so könne sie möglich sein; jedenfalls habe die Staatsanwaltschaft den Beweis dafür, daß sie falsch sei, nicht erbracht. Der Gedanke, daß noch eine dritte Version zugelassen werden könne, nämlich, daß Tetzner den Unbekannten an einer anderen Stelle ermordet und ihm Arme und Beine abgeschlagen habe, sei abwegig. Mit einem Appell an das Gericht, diesen an und für sich unsympathischen Angeklagten nicht mit dem Herzen, sondern mit dem Verstande zu richten, beantragte der Verteidiger, Tetzner im Fall Ortner wegen Mordversuches, im zweiten Falle dagegen nur wegen fahrlässiger Tötung.

Das Urteil.

Die Begründung, die der Vorsitzende dem Urteil gab, war ziemlich kurz. Er betonte, daß ja der Mordversuch an Ortner feststehe und auch von Tetzner selbst zugegeben werde. Was den Mord an dem unbekannt gebliebenen Handwerksburschen anlange, so habe das Gericht nicht entscheiden können, ob ein Lebendiger oder ein Toter verbrannt worden sei; wenn aber ein Toter verbrannt worden sei, dann sei das Gericht der Auffassung, daß Tetzner diesen Mann vorher vorsätzlich getötet, sich also des Mordes schuldig gemacht habe. Frau Tetzner habe ihm Beihilfe zum Mord insofern geleistet, als sie ihm den Pfeffer besorgt habe, wobei sie genau wußte, daß dieser Pfeffer zum Blenden des Opfers bestimmt war. Sie hat ihrem Mann ferner die Versicherung gegeben, ihm zu helfen, die Früchte seiner Tat einzuheimsen, indem sie die Versicherungsgesellschaft benachrichtigte, um die Früchte dieser Bluttat später gemeinsam mit ihm zu verzehren. Die Einwände, daß sie sich in einem Zustand der Willenlosigkeit befunden habe, seien nicht stichhaltig. Sie habe genau gewußt, was ihr Mann vorhatte, sie habe getan, was er von ihr verlangte. Wenn sie ihn nicht in dem Glauben gelassen hätte, daß sie seine Anweisungen befolgen würde, dann würde er den Mord nicht begangen haben, denn ohne ihre Mitwirkung wäre die Tat unmöglich gewesen. Auf das Verbrechen des Mordes stehe nur Todesstrafe, nichts anderes. Bei Frau Tetzner sei die Schwere ihrer Tat zu berücksichtigen gewesen, andererseits aber auch die Tatsache, daß sie eine schwache Frau sei und unter dem steten Drängen ihres Mannes gestanden habe. Mildernd sei auch zu berücksichtigen gewesen, daß sie von Anfang an ein Geständnis abgelegt habe. Deswegen seien vier Jahre Zuchthaus als angemessene Strafe zu betrachten, auf die ein Jahr der erlittenen Untersuchungshaft angerechnet werden.

Eiskalt bis zum Schluß.

Der Angeklagte Tetzner nahm sein Urteil eiskalt, ohne jedes Zeichen von Gemütserregung auf und besprach sich nur mit seinem Verteidiger über die Frage des Rechtsmittels. Der Verteidiger wird für ihn Revision anmelden. Frau Tetzner schien sichtlich erleichtert zu sein. Ihr Verteidiger gab im Einverständnis mit ihr im Gerichtssaal die Erklärung ab, daß sie auf jedes Rechtsmittel verzichte. Daraufhin verzichtete auch der Staatsanwalt bei Frau Tetzner auf Revision, so daß bei ihr das Urteil sofort rechtskräftig wurde. Durch ein dichtes Spalier von Schaulustigen wurden dann die Angeklagten schnell abgeführt, ohne daß es zu Zwischenfällen kam. Vor dem Gerichtsgebäude hatten sich Hunderte von Menschen angesammelt, unter denen sich das Urteil wie ein Lauffeuer verbreitete.

Der Kommentar.

Mit dem Spruch des Regensburger Schwurgerichts gegen das Ehepaar Tetzner ist eines der niederträchtigsten Verbrechen der letzten Zeit abgeurteilt worden. ›Heute arbeiten nur noch die Dummen‹, hatte Tetzner einstmals zu seiner Frau gesagt und hierin kennzeichnet sich die ganze Schwäche dieses Mannes, der angestrengter Arbeit abhold war und sich mühelos eine große Summe Geldes sichern wollte – abhold der Arbeit in einer Zeit, in der Millionen anderer Menschen vergeblich eine Beschäftigung suchen. Tetzner war in der Wahl seiner Mittel, sich auf jeden Fall Geld zu verschaffen, so skrupellos wie nur irgendein Mensch sein kann. Der verstorbene Pfarrer von Bodelschwingh, dessen hundertster Geburtstag neulich begangen wurde, hatte die Handwerksburschen ständig ›seine lieben Brüder von der Landstraße‹ genannt. Tetzner dachte darüber anders. Diese Wanderburschen, die unstet von einem Ort zum andern ziehen, sollten mit ihrem Leben seine Gier nach Geld bezahlen. War es ihm im Falle Ortner nicht gelungen, sein Ziel zu erreichen, war dieser Handwerksbursche noch in der letzten

Minute den Klauen des Verbrechers entronnen, so mußte kurze Zeit darauf ein unbekannter Handwerksbursche daran glauben. Gewiß mußte vor dem Gericht die Frage geprüft werden, ob Tetzner sein Opfer schon vor dem Verbrennen getötet oder ob er es dem furchtbaren Verbrennungstode ausgeliefert hatte. Für die breite Oeffentlichkeit ist dieser Professorenstreit indes nur von sekundärer Bedeutung. Das gesunde Volksempfinden rafft sich auf jeden Fall dagegen auf, daß ein Mensch, der seiner Sinne mächtig ist, einen Unbekannten in sein Auto setzt, um ihn dann bei der nächsten Gelegenheit umzubringen. Tetzner hatte gedacht, wenn er so einen Mitmenschen auf schnelle Weise zu Tode befördert habe, so daß man annehmen müsse, er selbst sei in seinem Auto verbrannt, so werde ihm seine Versicherungssumme von 145.000 Mark sicher sein. Aber er hatte seine Rechnung ohne die Versicherungsgesellschaften, ohne die Polizei und ohne die Staatsanwaltschaft gemacht. Wenn nachher zwischen der Regensburger und der der Leipziger Polizeibehörde noch eine Meinungsverschiedenheit darüber aufgetaucht ist, ob die eine oder die andere Behörde am besten gearbeitet hat, so ist dies eine Sache, die diese beiden Behörden unter sich abmachen mögen.

Es erfüllt mit Genugtuung, daß es schnell gelungen ist, Tetzner, als er sich eben nach Elsaß-Lothringen begeben hatte, zu fassen und ihn der wohlverdienten Strafe zuzuführen. Auch Frau Tetzner ist nicht frei von Schuld zu sprechen. Wenn auch der Sachverständige recht hat, daß Frau Tetzner eine nicht besonders intelligente Person und sie moralisch besser ist als ihr Mann, so hat sie doch leider ihrem Gatten in dieser schweren Kriminalsache zu viel Entgegenkommen gezeigt.

Immerhin wiegt die Schuld Tetzners viel schwerer als die seiner Gattin, die deswegen mit einer mehrjährigen Freiheitsstrafe davongekommen ist. Wenn Tetzner selbst vom Schwurgericht des Todes schuldig befunden wurde, so hat das Gericht damit seiner eigenen Anschauung Rechnung getragen. Hatte er doch selbst einmal erklärt: ›Für mich ist die Todesstrafe das Beste.‹ Er, der selbst das Leben seiner Mitmenschen mißachtete, hat keinen Anspruch darauf, noch weiter in der menschlichen Gesellschaft zu wirken. Zwar dürfte nach der neuerlichen Einstellung der höchsten Justizbehörden das Todesurteil nicht vollstreckt werden, Tetzner wird aber sein Leben lang hinter Kerkermauern daran zu denken haben, in welch frivoler Weise er aus Gewinnsucht das Leben eines Mitmenschen opferte …«.

Bei seinem letzten Geständnis ist Tetzner »bis zum Augenblick seiner Hinrichtung unbeirrt stehengeblieben und hat das durch die Äußerung bekräftigt: ›Der Herr Professor hat ganz recht; das habe ich mir während der ganzen Verhandlung gedacht.‹ «

Das Fallbeil fiel im Hof des Gefängnisses zu Regensburg am 2. Mai 1931 früh um sieben Uhr. »Der Mörder war auf seinem letzten Gang sehr ruhig und gefasst. Die Hinrichtung wurde in Anwesenheit des Gerichts und der Presse ohne jeden Zwischenfall vollzogen.«

Der entsandte Korrespondent berichtet: »Der Hinrichtung Tetzners haben etwa 25 Personen beigewohnt. Von seiner Frau und seinen Verwandten hatte Tetzner brieflich Abschied genommen. Er soll gestern sehr niedergeschlagen gewesen sein und den Eindruck eines völlig gebrochenen Menschen gemacht haben. Wiederholt brachte er zum Ausdruck, wie tief ihn seine furchtbare Tat reue. In der vergangenen Nacht hat der Gefängnisgeistliche auf Tetzners Wunsch mit ihm in der Zelle gewacht. Den Gesichtszügen des Mörders war kurz vor der Hinrichtung keine Gemütsbewegung anzusehen, abgesehen natürlich von großer Blässe. Er ging, ohne ein Wort zu sprechen, zum Schafott und fügte sich widerstandslos allen Anordnungen.«

Die Meldung verschwand hinter den großen Lettern der

Berichterstattung zum Fall des Serienmörders und *Vampirs von Düsseldorf* Peter Kürten, der in einem Sensationsprozess zum Tode verurteilt wurde und damit Diskussionen auslöste: »Es geht uns nicht um den Kopf Kürtens allein. Vermutlich ist ihm sogar mit dem Tode mehr gedient als mit lebenslänglicher Internierung. Es geht vielmehr darum, daß, auf zweifellos nicht ganz durchsichtigen Wegen, in anscheinend vorgefaßter Meinung, das Urteil der Oeffentlichkeit durch Vorenthaltung der ganzen Wahrheit beeinflußt wurde; daß damit unter der Behauptung des Gegenteils, ein entscheidender Präzedenzfall für die Beibehaltung der ›Todesstrafe‹ geschaffen werden sollte und geschaffen worden ist. Im Falle Haarmann, des Hannoveraner Massenmörders, sind sich heute schon Sachverständige und einsichtsvolle Juristen einig, daß die Hinrichtung falsch und unberechtigt war; in dem viel krasseren Fall Kürten wird diese Einsicht vermutlich auch wieder erst ein paar Jahre nach der Hinrichtung kommen. Inzwischen ist aber möglicherweise der Kampf um die Todesstrafe zugunsten der politischen und kulturpolitischen Reaktion beendet; der scheinbar unmaßgebliche ›Präzedenzfall‹ Kürten schaffte die Grundlage dafür, daß auch in anderen Fällen lustig weiter geköpft werden wird. Darauf muß hingewiesen werden; das gilt es zu verhindern. Wir meinen, daß man die Gesellschaft vor allen Blutvergießern schützen sollte, vor den Verbrechern ebenso sehr wie vor den ›im Namen des Volkes‹ amtierenden Richtern und Nachrichtern.« Die Warnung ward ins Leere gesprochen, die Zeiten des politisch sanktionierten Massenmords und enormen Blutvergießens ließen sich nicht mehr aufhalten.

Medizingeschichte schrieb Richard Kockels wissenschaftliche Analyse des Falles vom »Mann, der zweimal starb« – »Kein Ruß in der Lunge, kein Tod durch Verbrennen.« Nicht nur Kriminalerzählungen der Zeit nutzten diesen Fall als Folie. Vladimir Nabokov lebte in jenen Jahren im deutschen Exil. Über den Mordfall Tetzner berichteten die Medien mit übergroßen Lettern. Tetzner war dem Schriftsteller Folie für seinen Roman *Verzweiflung* (1934): »Ein etwa dreißigjähriger Mann sucht sich einen Doppelgänger, bringt diesen mit Tricks und Freundlichkeit dazu, seine Kleider anzuziehen (in diesen stecken die Papiere des freundlichen Mannes), er fährt mit ihm in ein abgelegenes Waldstück, erschießt sein Opfer hinterrücks und sorgt durch ein auffällig geparktes Auto dafür, dass der Tote gefunden wird. Da die Polizei davon ausgehen wird, dass das Opfer derjenige ist, dessen Name auf den Papieren steht, kann die Witwe die Lebensversicherungsprämie kassieren und mit ihrem ›verstorbenen‹ Mann andernorts ein neues Leben beginnen.« Wolfgang Menges *Tatort* mit Kriminalhauptkommissar Eugen Lutz (Werner Schumacher) *Kennwort: Fähre* (1972) ließ sich von Tetzners Verbrechen inspirieren. Das Hörspiel des Bayrischen Rundfunks *Der Laubfrosch* (1973) von Karl Bogner basiert auf diesem »sensationellen Kriminalfall aus dem Jahre 1929«. Fast zeitgenau zum selben Tag zur selben Stunde des grausigen Geschehens sendete das ZDF vierundvierzig Jahre später, am 26. November 1973, 21.15 bis 22.45 Uhr, das Dokumentarspiel *Steig ein und stirb* von Bruno Hampel, Regie: Günter Gräwert. In den Rollen Stars wie Walter Sedlmayer, Wilfried Klaus und Enzi Fuchs. Den Mörder gab Peter Drescher. Als Komparse mit dabei: Willy Bach, ein Mann, der in Tetzners Café einst Stammgast gewesen war. »Wenn man clever ist und die richtige Branche wählt, dann läuft der Karren wie von selbst!«

Niemals geklärt worden ist die Identität des im *Opel-Laubfrosch* verbrannten jungen Mannes: Wanderarbeiter auf dem Weg nach Hause? Zur Arbeit? In den Tod.

Tochter aus gutem Hause

Die Lebensversicherungen von Frau und Herrn Bürgermeister Schrön, Markranstädt, 1889/90

»November 1889. Halb Markranstädt hat sich nach Leipzig aufgemacht, um den Gerichtsprozess gegen Fanny Schrön, Tochter von Bürgermeister Julius Schrön, mitzuerleben. Die 22jährige soll Vater und Mutter mit Arsen vergiftet haben, wegen der hohen Lebensversicherung. Angeblich ist sie mit einem Schauspieler durchgebrannt. Fanny Schrön erklärt sich für unschuldig. Das Verhör beginnt:

›Was hat Ihre Mutter am Erkrankungstag gegessen?‹, will der Richter wissen.

›Abends aß Mama geräucherten Aal, trank später Schokolade.‹

›Tranken Sie auch davon?‹

›Nein.‹

›Hatte Ihr Vater nicht eine Schürze, die mit Arsen präpariert war, zur Vertreibung des Ungeziefers?‹

Fanny gibt zu, daß er sie sogar über die Gefährlichkeit der Schürze aufgeklärt hatte. Der Richter bohrt weiter: ›Gaben Sie Ihrem Vater auch Schokolade?‹

Fräulein Schrön bejaht.

›Und die Krankheitssymptome waren die gleichen wie bei der Mutter?‹

Wieder Zustimmung.

›Man hat im Magen der Toten Arsen gefunden …‹

Fanny Schrön kann dies nicht erklären, von der Lebensversicherung über zwanzigtausend Mark will sie nichts gewußt haben.«

Fannys Vater, Moritz Julius Schrön, war am 23. Oktober 1832 im sächsischen Mügeln geboren worden, studierte Jura und war in Chemnitz als Polizeiaktuar tätig. Am 3. Januar 1878 wurde er von der Gemeindeversammlung der thüringischen Kleinstadt Apolda zum Bürgermeister gewählt, dort hat er bleibende Spuren hinterlassen. »Auf seine Initiative ist die Gründung von *Schellenbergs Gasthaus und Herberge* in der Bachstraße 30 zurückzuführen, denn beim Gemeindevorstand häuften sich 1880 die Beschwerden wegen der täglich in der Stadt umherziehenden Landstreicher und deren Betteleien an der Haustür. Bürgermeister Schrön und der hiesige Kirchenvorstand waren sich einig, diesem Zustand muß ein Ende gemacht werden. Man beriet über verschiedene Möglichkeiten der Abhilfe.« So wurde ein Ableger des *Allgemeinen Vereins gegen Verarmung und Bettelei* gegründet und Spenden zur Errichtung von *Herbergen der Heimat* gesammelt, die nach dem Vorbild des Hamburger Pfarrers Johann Hinrich Wichern Obdachlosenspeisung und Asyl gaben. Auch erwarb sich Julius Schrön Verdienste um »die Erweiterung der Schötener und Herressener Promenade, auch wenn dazu bei einigen notwendigen Maßnahmen anfangs das rechte Verständnis der Bevölkerung fehlte. Ihm zu Ehren, gewissermaßen als dem Begründer der *Schötener Promenade*, wurde eine Erinnerungstafel mit kleiner Wasserkunst geschaffen, die allerdings nicht erhalten blieb, und der Platz am Eingang zur Promenade trägt seit 1908 (mit Unterbrechung) den Namen *Schrönplatz*. In die Amtszeit Julius Schröns fielen ferner die Einweihung der Mädchenbürgerschule im ehemaligen Fabrikgebäude von *Christian Zimmermann und Sohn* in der Ritterstraße, die Erbauung der Städtischen Turnhalle 1884 in der ehemaligen Ernst-Hohmann-Straße sowie der Bau der Oetterner Wasserleitung nach Apolda in den Jahren 1887/88.« Zum 23. April 1888 trat Schrön in Apolda von seinem Posten zurück und zog mit seiner

Familie nach Sachsen. Er hatte in Markranstädt die Stelle des Bürgermeisters angenommen.

Markranstädt zählt gegenwärtig 16 000 Einwohner. Die Stadt liegt vor den Toren Leipzigs und wehrt sich bis heute erfolgreich, von der Industrie- und Messestadt vereinnahmt zu werden. Leipzigs mittelalterliche Ausfallstraße Richtung Westen trägt bis heute den Namen *Ranstädter Steinweg*. Wahrscheinlich ist Markranstädt eine Ortsgründung des nahegelegenen Klosters Altranstädt und erlangte vor allem in Kriegen Bedeutung. Die in Wallensteins Diensten stehenden Holkschen Reiter verwüsteten im Dreißigjährigen Krieg die Siedlung und dezimierten die Bevölkerung beträchtlich. Anschließend grassierte die Pest. Im Großen Nordischen Krieg (1700 bis 1721) lag hier zeitweise gar das politische Zentrum Europas. Im hiesigen Schloss wurde 1707 der *Altranstädter Frieden* geschlossen, welcher besagte, dass die Kriegsparteien einander keine Schadensersatzforderungen stellten, August der Starke auf die Königskrone Polens verzichtete und fortan »ewiger Friede und aufrichtige Freundschaft zwischen Karl XII. von Schweden, Stanislaus I. von Polen und Friedrich August I. von Sachsen« herrschen sollte. Auf seinem Hin- (1807) wie Rückzug (1813) nächtigte Kaiser Napoleon im Markranstädter Wirtshaus *Zum Rosenkranz*. Wirtschaftlichen Aufschwung brachte im beginnenden Industriezeitalter die Nähe zur Handelsstadt Leipzig: Pelzfabrikation und Zulieferindustrie für die Automobilwirtschaft entstanden.

Die Fortsetzung dieser sich abzeichnenden wirtschaftlichen und finanziellen Konsolidierung ihrer Stadt erhofften sich die Markranstädter von einem neubestellten Bürgermeister. Die revidierte sächsische Städteordnung (1873) sah vor, dass auch kleinere Städte nunmehr hauptamtliche Bürgermeister bestellen konnten. Victor Härtel war in Markranstädt fünfundzwanzig Jahre Stadtoberhaupt gewesen. Alter und der gestiegene Arbeitsaufwand ließen ihn das Amt einem Jüngeren übertragen. Die Markranstädter bestellten Julius Moritz Schrön, der unter Kommunalpolitikern innovativen und guten Ruf besaß. Am 1. Juli 1887 führte man ihn ins Amt ein. Mit Persönlichkeit und manchmal aufbrausendem Charakter führte Schrön auch in Markranstädt die Geschäfte und verschaffte sich Respekt. Mit seinem gegründeten *Verschönerungsverein* wurde Markranstädt planmäßig ausgebaut, Grünanlagen und Parks entstanden. Auch der Neubau eines Amtsgerichtes fußt auf Schröns Initiative. Als am 10. November 1889 des Bürgermeisters Gattin starb, bezeugten Markranstädts Bewohner Mitgefühl und Trauer. Doch bereits sechs Monate später lag Julius Schrön selbst auf den Tod. Die Zeitungsmeldung folgt, und mit ihr das Erschrecken: »Markranstädt, 24. December. Der hiesige Bürgermeister Schrön ist nach kaum 1½jähriger Tätigkeit als solcher gestern Abend am Typhus verstorben.«

Doch Zweifel an einer krankheitsbedingten Todesursache der Eheleute Schrön, sie waren wohl begründet. Die Umstände des Sterbens von Bürgermeistergattin und Bürgermeister glichen sich auffallend. Beider Tod erfolgte plötzlich und sehr kurz aufeinander. Vor allem erschien er ob der ihn begleitendenden Symptome den zur Hilfe geholten Medizinern unnatürlich. Sie vermuteten eine Arsenvergiftung. Tatverdächtig ist einzig die im Hause lebende einundzwanzigjährige Tochter Fanny. Mordmotiv: Versicherung und Erbschaft. Fanny wird vom Tod der Eltern profitieren und privat wie wirtschaftlich von nun an unabhängig sein. Der Staatsanwalt erlässt gegen sie den Haftbefehl. Die polizeilichen Ermittlungen werden fortgesetzt und gestalten sich bei der Beweiserbringung schwierig. Fanny beteuert ihre Unschuld immer wieder. Ein Jahr darauf, im November 1890, wird die junge Frau des Elternmordes angeklagt: Es ist ein Sensationsprozess, der nun folgt, und an dem die königliche Familie Sachsens Anteil nimmt. Lokalblätter und überregionale Zeitungen berichten täglich und sehr ausführlich über seinen Fortgang. Die Zeugenaussagen in diesem Strafprozess zeigen im Brennglas eines Kriminalfalls Abhängigkeiten und Alltag einer deutschen Kleinstadt der Jahrhundertwende und geben damit ein getreuliches Abbild der Zeit.

»Voller Spannung und mit getheilten Empfindungen – Mitleid und Zweifel auf der einen, Abscheu und Gewißheit auf der anderen Seite – sieht man heute der Beleuchtung einer dunklen That entgegen, welche gerade ein volles Jahr die Gemüther der Bevölkerung beschäftigt hat. Als wir im Januar dieses Jahres über ein unglaubliches Ereignis berichteten, so wie der Volksmund es erzählte, da konnten wir, trotz erwiesener anderer zahlreicher Greuelthaten, die unsere Schwurgerichte beschäftigten, doch nicht die Möglichkeit dieses neuen Verbrechens begreifen, weil es unbegreiflich ist, daß eine Tochter, das wohlerzogene Kind angesehener Leute, den leiblichen Eltern mit eigener Hand durch mörderische That den Tod zu geben vermag.

Und doch hatte sich der eigenthümliche Fall ereignet, daß in dem Städtchen Markranstädt bei Leipzig die Gattin des Bürgermeisters Schrön, eine gesunde rüstige Frau im November v. J. plötzlich infolge des Genusses einer Tasse Chocolade, die ihr von der einzigen noch im Hause lebenden Tochter bereitet und gereicht worden sein sollte, erkrankte und bald darauf starb. Als der erste Schmerz um die Verstorbene stiller Trauer gewichen war, erkrankte der rüstige Gatte, Bürgermeister Schrön (ein jovialer Mann, war früher Polizeiactuar in Chemnitz, alle Welt kannte ihn), ebenfalls infolge des Genusses einer Tasse Chocolade, die ihm auch die Tochter bereitet hatte.

Die Krankheitserscheinungen waren die gleichen wie bei der Gattin, der Tod trat nach mehrtägigen Kampfe ein. Das machte die behandelnden Aerzte stutzig. Ein Verbrechen ahnend, untersuchten sie die männliche Leiche; ihr Befund zeigte Vergiftung durch Arsenik. Die beerdigte Mutter wurde ausgegraben, secirt, und – Vergiftung durch Arsenik trat zu Tage.

Die Umstände lenkten den Verdacht, die grausige Tat verübt zu haben, auf die Tochter Fanny. Man sprach davon, daß das Verhältniß, das sie mit einem jungen Schauspieler unterhalten, Aergenisse und Scenen im Hause veranlaßt habe. Die Eltern sollen ihr den Umgang untersagt, Fanny soll ihn aber heimlich weiter gepflogen haben und soll dem Geliebten dann nach Taucha nachgereist sein. Diese Uebertretung des elterlichen Verbots mag neue Scenen bewirkt haben – endlich trat die Katastrophe ein. Die Tochter Fanny Schrön wurde verhaftet und in Anklagezustand gesetzt. Heute steht die Unglückliche, ein 21jähriges Mädchen, vor ihren Richtern, angeklagt des Elternmordes, einer That, von der Moser in Schiller's Räubern zu Franz spricht, als dieser ihn nach der größten Sünde fragt: ›Ich kenne nur zwei, die eine heißt Vatermord, die andre Brudermord; aber sie werden nicht von Menschen begangen, auch ahnden sie Menschen nicht.‹ – Und hier steht eine Jungfrau unter Anklage, Vater und Mutter ermordet zu haben!

Werden die Beweise gebracht werden – – doch da tritt sie ein, die bleiche Angeklagte; ein Schauer durchläuft das Publikum hier, inniges Bedauern da, stumme Unbegreiflichkeit dort. Jetzt erscheinen auch die Richter, die Verhandlung über Leben und Tod beginnt.«

Das *Leipziger Tageblatt* berichtet vom Prozessauftakt, der unter allgemeinem und großem Medieninteresse stand: »Königliches Schwurgericht, XVIII. Sitzung. Leipzig, 26. November – Mordprocess Schrön: Der Gerichtshof bestand aus den Herren Landgerichts-Director Bartsch (Präsident), Landgerichts-Räthe Leonhardt I und von Sommerlatt. Die Anklage führte Herr Staatsanwalt Dr. Nagel, als Vertheidiger fungirte Herr Rechtsanwalt Dr. Felix Zehme. Das Amt eines Geschworenen übten in dieser Sitzung aus: Die Herren

Georgi – Leipzig, Eger – Grimma, Schädel – Lobstädt, Hetzel – Markkleeeberg, Fuß – Beiersdorf, Habedank – Leipzig, Derham – Leipzig, Wappler – Leipzig, Herbst – Wurzen, Barschdorff – Leipzig, Wobst – Hohburg und Händel – Saalhausen. Da für die anstehende Verhandlung vier Tage in Aussicht genommen sind, wurden außerdem noch zwei Ergänzungs-Geschworene, die Herren Häntzschel – Grimma und Hofmann – Rötha, ausgeloost.

Der Verhandlung wohnten in der Präsidentenloge Ihre königl. Hoheiten, die Prinzen Johann Georg und Max, Herzöge zu Sachsen in Begleitung des Freiherrn von Reitzenstein und des Geheimraths Wach bei. Der Abtheilungsdirector im Ministerium der Justiz, Herr Geh. Rath Hensel war ebenfalls zur Verhandlung erschienen.«

»Vor Eintritt in die Verhandlung, welche die letzte in der diesjährigen Periode ist, hielt der Vorsitzende, Herr Landesgerichts-Director Bartsch, eine kurze Ansprache, in welcher er ausführte, daß man nun bei der letzten Sitzung angelangt sei und er in der Lage wäre, die nicht ausgeloosten Herren Geschworenen nach der Bildung der Geschworenenbank zu entlassen. Die Periode habe außergewöhnlich erhebliche Anforderungen sowohl an die Zeit wie an die Anstrengungen, die den Herren Geschworenen zuzumuthen gewesen sind, gestellt. Im Namen des Gerichtshofes danke er ihnen für den Eifer und den Fleiß, den sie bei der gemeinschaftlichen Thätigkeit bewiesen, und hoffe, daß die Erinnerung an die gemeinschaftliche Thätigkeit eine angenehme sein werde, und bitte, auch den Gerichtshof ein freundliches Andenken zu bewahren.«

Objektiv war die Berichterstattung nicht. Andere Medien beschreiben das Erscheinen der Angeklagten im Gerichtssaal mit folgenden Worten: Fanny Schrön »trägt Trauerkleidung. Unter den streng nach hinten gekämmten Haaren kommen ihre abstehenden Ohren zur Geltung. Zehn Monate Untersuchungshaft haben sie nicht schöner gemacht. Unbewegt schaut sie durch die Gläser ihres silbernen Zwickers der Auslosung der Geschworenen zu.«

Der Prozess im Doppelmordfall Schrön beginnt: »Der Herr Vorsitzende theilt mit, daß zur Verhandlung 86 Zeugen und Sachverständige geladen seien, und zwar immer nur die bestimmten Zeugen, welche an diesen Tagen abgehört werden sollten. Auf Antrag der Vertheidigung sei auch Herr Professor Dr. Seydel – Jena, geladen worden, dieser habe aber durch eine Depesche mitgetheilt, daß er wegen unterbrochener Bahnverbindung nicht erscheinen könne. Der Herr Vertheidiger bittet, in die Verhandlung eintreten zu wollen, und behält sich eventuelle Anträge vor. Zunächst wird nun zur persönlichen Vernehmung der Angeklagten geschritten. Dieselbe giebt mit ruhiger, klarer Stimme an, sie heiße Fanny Frieda Schrön, sei evangelisch-lutherisch und am 15. Mai 1868 in Chemnitz geboren, habe erst die Bürgerschule und in Apolda die höhere Töchterschule besucht. Nach ihrer Entlassung aus der Schule sei sie im elterlichen Hause geblieben. An eigenem Vermögen besitze sie nur ein Sparcassenbuch über 400 Mk., außerdem aber ihren Antheil an der Hinterlassenschaft der Eltern.

Hierauf gelangt die Anklageschrift zur Verlesung, nach welcher die Schrön beschuldigt ist, am Abend des 8. November ihrer leiblichen Mutter Anna Emilie Schrön, geborenen Conradi, Gift (Arsenik) vorsätzlich beigebracht und hierdurch den am 10. November 1889 eingetretenen Tod ihrer Mutter herbeigeführt zu haben, weiter am Abend des 19. December 1889 ihrem leiblichen Vater, dem Bürgermeister Julius Moritz Schrön zu Markranstädt, vorsätzlich Gift (Arsenik) beigebracht und dadurch den am 24. December 1889 eingetretenen Tod ihres Vaters herbeigeführt, beide Thaten auch mit Ueberlegung ausgeführt zu haben.«

Arsen und seine Verbindungen sind seit altersher realiter und künstlerisch oft Mittel der Wahl, unliebe Personen sterben zu lassen oder sich selbst ums Leben zu bringen. »Nachgewiesenermaßen Arsen!« – der Volksmund sprach vom *Erbschaftspulver*. Päpste, Könige, Despoten fanden durch Arsenik den Tod. In der Mehrzahl Mörderinnen scheinen sich der todbringenden Arsenikverbindungen bedient zu haben, müssen Täter doch bei Giftbeibringung selten körperliche Gewalt ausüben. Legendär die Frauen, die ganze Familien ausgerottet haben (sollen): Catarina de' Medici (natürlicher Tod 1589) ging als gnadenlose Machtstrategin und Mörderin in die Geschichte ein. Teofania di Adamo (hingerichtet 1633) gilt als Erfinderin des tödlichen *Aqua Tufania*, das sie selber nutzte, aber auch verkaufte. Andere Quellen meinen, Giulia Tofana (möglicherweise hingerichtet 1651) hatte die Mixtur als erste gebraut. Sechshundert Männer vergiftete sie mit diesem Trunk. Weitere legendäre Mörderinnen in Verbindung mit Arsen: Marquise Marie-Madeleine de Brinvilliers (hingerichtet 1676), Gesche Gottfried (hingerichtet 1831), Sophie Ursinus (begnadigt 1833) und Marie Lafarge (1841 begnadigt zu lebenslanger Gefängnisstrafe). Wegen *Kabale und Liebe* (1784) trinken Ferdinand und seine Louise in Friedrich Schillers Drama ein Becherchen Arsenik. Auch für *Madame Bovary* (1856) ist dieses Gift Mittel ihres Selbstmords. Hercule Poirot klärt solche Heimtücke in der *Stille vor dem Sturm* (1923), bei Detektiv Lord Peter Wimsey ist es *Geheimnisvolles Gift* (1929). Mit *Arsen und Spitzenhäubchen* (1944) lehren nette alte Damen ihrem Neffen das Grausen. Dass diese Mordmethode sehr erfolgreich war, lag an der absolut tödlichen Wirkung bereits nach kurzer Zeit, der vergleichsweise leichten Beschaffung und dem erst 1836 möglichen Arsennachweis durch die Marsh-Methode. Arsenikverbindungen waren als Haushaltsgifte überall gebräuchlich, töteten sie doch das Ungeziefer, vor allem lästige Nager: »Vorsicht Rattengift ausgelegt!«. *Meyers Conversati-*

onslexikon verzeichnet 1885 unter dem Stichwort einen Artikel, der auch im Elternmord-Prozess zur Sprache kam:

»Arsen ist das stärkste Gift des Mineralreichs, und alle Verbindungen wirken meist schon bei kurzer Anwendung, wenn die Dose groß genug ist, giftig auf den tierischen, ja selbst auf den pflanzlichen Organismus ein. Am häufigsten geschieht die Arsenikvergiftung durch arsenige Säure (weißer Arsenik, Hüttenrauch), seltener durch arsenigsaures Natron oder durch die zu Farbe verwendeten Präparate von Schwefelsarsen (Operment, Realgar), von arsenhaltigen Kupfersalzen, wie z.B. *Schweinfurter Grün* (lichtbeständige Malerfarbe), durch arsenhaltige Rückstände der Fuchsinbereitung (roter Farbstoff) etc. Die Arsenikvergiftungen gehören zu den am häufigsten vorkommenden Vergiftungen und waren die häufigsten unter den absichtlichen Vergiftungen, bis die überaus giftigen Alkaloide und narkotischen Mittel bekannter wurden. Auch zufällige Vergiftungen mit Arsenik sind ziemlich häufig, z. B. durch Naschen der Kinder an Arsenikpräparaten, Verunreinigungen des Mundes mit arsenikhaltigen Farben, Einatmen von arsenikhaltigem Staub, Verwechseln von Arsenikhaltigen Arzneien mit anderen etc. Die Vergiftungen durch Arsenik entstehen meist durch Einverleibung des Arseniks in den Magen; aber auch vom Mastdarm, von der äußeren Haut, von Wunden und Geschwüren aus kann Arsenik in den Körper aufgenommen werden. Die Einatmung von Arsenikstaub und Arsenikdämpfen namentlich bei Hüttenleuten, sowie von Arsenwasserstoffgas hat mehrfach zu Vergiftungen Veranlassung gegeben, teils bei Arbeitern, welche mit solchen Stoffen zu schaffen hatten, teils, indem diese Körper von feuchten, mit Arsenfarben bemalten Wänden etc. entwickelt wurden. Die Arsenvergiftung ist eine akute, sogar plötzlich tötende, bald eine chronische, welche monate- und jahrelang andauert. Beide treten in verschiedenen Formen auf, was teils von der Menge und Beschaffenheit des Giftes, namentlich von der gelösten oder ungelösten Form desselben, teils vom Einverleibungsort und andern individuellen Verhältnissen abhängt. Die akute Arsenvergiftung besteht gewöhnlich in einer heftigen und tief eingreifenden Magenentzündung, wobei nicht nur die Schleimhaut, sondern oft auch die darunterliegenden Schichten der Magenwand zerstört und zu einem Schorf umgewandelt werden. Oft besteht gleichzeitig auch eine Darmentzündung gleicher Art, oder sie tritt später noch zu der Magenentzündung hinzu. Daher stellt sich bald schon nach wenigen Minuten, bald erst einige Stunden nach der Einführung des Gifts, heftiges Erbrechen mit Magenschmerz, Zusammenschnüren des Halses, Empfindlichkeit der Magengrube bei Berührung, brennender Durst und große Angst ein. Es besteht fortwährendes Würgen und Aufstoßen, auch wohl Bluterbrechen, dann treten Durchfälle, Leibschmerz, blutige Stühle, Stuhlzwang und ähnliche Symptome auf, während zugleich das Gesicht auffallend entstellt, bleichend kühl, eingefallen, die Gliedmaßen kalt, der Puls klein und frequent ist. Nicht selten gesellen sich hierzu allgemeine Muskelschwäche, Ohnmacht, Krämpfe, Zittern der Glieder, Schluchzen und andere nervöse Symptome, welche das Krankheitsbild der Arsenvergiftung höchst ähnlich einem Choleraanfall gestalten. In seltenen Fällen, namentlich, wenn der Arsenik in aufgelöster Form in den Magen gelangt und dort schnell in größerer Menge resorbiert, also in das Blut einverleibt wird, entwickeln sich die nervösen Symptome allein, ohne daß man während des Lebens oder bei der Sektion der Leiche Zeichen von Entzündungen des Magens bemerkt. Bisweilen gesellen sich auch Atemnot und Bluthusten, manchmal Blasenschmerz, Blutharnen etc. hinzu. Das in das Blut gelangte Gift geht zwar verhältnismäßig rasch wieder mit dem Urin aus dem Körper heraus, aber es findet sich zum Teil auch noch in den Geweben des Körpers oder im Darmkanal vor und kann hier selbst längere Zeit nach dem Tod noch mit Sicherheit nachgewiesen werden. Der Tod tritt bei der akuten Darmvergiftung binnen einem oder wenigen Tagen, manchmal schon nach wenigen Stunden ein. Der chemische Nachweis der Arsenikvergiftung gelingt oft noch, nachdem die Vergifteten schon Jahr und Tag begraben gewesen sind; das Gift selbst verhindert ungemein den Eintritt der Verwesung. Die chronische Arsenikvergiftung als Gewerbekrankheit entsteht durch längere Zeit hindurch fortgesetzte Einverleibung kleinerer Mengen des Giftstoffs und kommt bei Bergwerks und Fabrikarbeitern z. B. bei der Gewinnung des Silbers aus Bleierzen, vor. Sie äußert sich teils durch Zeichen einer schleichenden Magen- und Darmentzündung, mit unausgesetztem Durst, brennenden Magenschmerzen, zuweilen Erbrechen, starker Gelbsucht, mit Leibschmerzen, periodischen Durchfällen und Stuhlzwang, wozu Anätzungen und Entzündungen anderer Schleimhäute, ferner ein quälender, trockener, oft mit Engbrüstigkeit verbundener Husten, Speichelfluß, Harnstrenge etc. hinzutreten können, teils durch zunehmendes kachektisches Aussehen, mit Ausschlägen und Geschwüren bedeckte Haut, Ausfallen der Haare und Nägel, vor allem aber durch äußere Abmagerung und förmliche Austrocknung des ganzen Körpers. Hiermit verbinden sich Nervenzufälle, herumziehende Schmerzen, Krämpfe, Angst, Unruhe, Schlaflosigkeit, große Abmattung und Entmutigung, später Lähmungen und Kontrakturen. Der Tod erfolgt besonders durch die schleichenden Entzündungen und Verschwärungen des Darmkanals und der Lungen oder durch Entkräftigung, Wassersucht und Auszehrung. Behandlung der Arsenikvergiftung: Sobald man Verdacht schöpft auf Vergiftung und sich die charakteristischen Zeichen der Arsenikvergiftung einstellen, in dem Erbrochenem oder in dem Reste der genossenen Speise vielleicht die kleinen weißen Körner sich vorfinden, so hat man vor allen Dingen die Aufgabe, das Gift aus dem Körper so rasch wie möglich zu entfernen. Bei äußeren Applikationen ist aller auf der Haut noch befindliche Arsenik zu beseitigen, man reinigt die Haut und reibt dieselbe mit möglichst warmen Eisenoxydhydrat oder Magnesiahydrat und wäscht mit essigsaurem Eisenoxyd. Ist das Gift in den Magen einverleibt worden, so sucht man Erbrechen zu erregen durch Kitzeln des Schlundes und eingeben von lauem Wasser mit Eiweiß, oder man reicht Brechmittel, gegen heftige Schmerzen Opium. Die Rückstände des Gifts sucht man durch eine frisch bereitete Mischung von Eisenhydroxyd und Magnesiumhydroxyd zu beseitigen.«

»Während es vorher schneit, wirft die Sonne bei Beginn der Verhandlung helle Strahlen in den düsteren Saal. Sollte das für die Angeklagte ein gutes Omen sein? Es sind 86 Zeugen geladen. Die Angeklagte ist 1868 in Chemnitz geboren und hat eine höhere Töchterschule besucht; sie ist unbestraft und besitzt ca. 400 Mark Vermögen. Die Anklage lautet auf bedachten Mord der leiblichen Eltern. Die Angeklagte erklärt sich unschuldig.

P. ›Waren Ihre Eltern öfters krank?‹

A. ›Nein. Selten unwohl.‹

P. ›Wer hat die Mutter gepflegt?‹

A. ›Ich allein.‹

P. ›Wer hat den Vater gepflegt außer Ihnen?‹

A. ›Auf meinen Ruf mehrere Personen aus Markranstädt.‹

Die Angeklagte giebt über Krankheit der Eltern an: ›Die Mama hatte Erbrechen und fror, meinte aber, es würde nicht viel sein. Sie schlief auch schlecht; der Doctor gab ihr eine Einspritzung, die aber nichts nützte. Sie klagte über Durst, Mattigkeit und Herzklopfen, bis am Sonntage der Tod eintrat; der Arzt kam am Sonnabend und verschrieb Arznei, aber das Leiden wurde immer schlimmer.‹

P. ›Genoß Ihre Mutter während der Zeit etwas?‹

A. ›Fast nichts, sie trank nur viel Wasser.‹

P. ›Die Krankheit trat also plötzlich ein?‹

A. ›Ja, ganz schnell.‹

P. ›War die Mutter vorher leidend?‹

A. ›Sie klagte über den Magen und benutzte dagegen Pillen, die erst gut bekamen, dann nicht mehr.‹

P. ›Was hat die Mutter am Erkrankungstage genossen?‹

A. ›Den Tag über Verschiedenes, mittags Hasenbraten, der mehrere Tage alt und gewärmt war.‹

P. ›Aßen Sie alle Hasenbraten?‹

A. ›Ja, abends aß Mama geräucherten Aal, und trank später Chocolade.‹

P. ›Wer hat die Chocolade gekocht?‹

A. ›Die Mama selbst und zwar schon am Donnerstage vorher.‹

P. ›Wie kochte die Mutter die Chocolade?‹

A. ›Sie nahm Chocolade, Mehl, Milch und Eier.‹

P. ›Hat die Mutter auch die Chocolade Freitag abends gewärmt?‹

A. ›Ja.‹

P. ›Wo war die Chocolade aufbewahrt?‹

A. ›Ich weiß nicht, aber wahrscheinlich im Küchenschranke.‹

P. ›Tranken Sie auch mit Chocolade?‹

A. ›Nein.‹

P. ›Wurde die Chocolade alle?‹

A. ›Nein, den Rest habe ich früh kalt getrunken.‹

P. ›Und nach dem Genusse der Chocolade wurde Ihre Mutter krank?‹

A. ›Ja, ungefähr eine Stunde später.‹

P. ›Hat der Arzt das Erbrochene der Mutter gesehen?‹

A. ›Nein, das habe ich ins Closet geschüttet.‹

P. ›Hat der Arzt nie die Excremente und das Erbrochene der Kranken untersucht?‹

A. ›Nein.‹

P. ›Hatte die Mutter nicht auch starkes Schlucken und Aufstoßen?‹

A. ›Ja, sehr heftig.‹

P. ›Hatten Sie denn zu der Zeit schädliche Gegenstände im Hause?‹

A. ›Ja, doch – Rattengift, das stand in der Schlafstube in einer Büchse und roch nach Schwefel.‹

P. ›Weiter war nichts da?‹

A. ›O ja, noch eine Schachtel voll Giftkörner, die auch von der Rattenvergiftung herrührten.‹

P. ›Hatte der Vater nicht eine Schürze, die mit Arsenik präpariert war, auch zur Vertreibung des Ungeziefers?‹

A. ›Ja, die wurde bald hier, bald dort über die Stuhllehnen gehangen.‹

P. ›Wußten Sie, daß die Schürze giftig war?‹

A. ›Ja, der Vater sagte es mir und mahnte zur Vorsicht.‹

P. ›Konnte man von der Schürze Gift loslösen?‹

A. ›Es gingen ganz kleine Stückchen, fast nur Stäubchen ab, die wurden im Kehricht verbrannt.‹

P. ›Hat denn das Ungeziefer auch nachgelassen?‹

A. ›Ja.‹

P. ›Führte denn der Vater eine Art Hausapotheke?‹

A. ›In der Wohnung nicht, nur chlorsaures Kali gegen Halsschmerzen.‹

P. ›Was haben Sie nun für eine Meinung über den Tod der Mutter?‹

A. ›Ich wußte es nicht, der Arzt meinte, es sei Magencatarrh und Herzlähmung.‹

P. ›Und Sie führten nach dem Tode der Mutter die Wirthschaft allein.‹

A. ›Ja.‹

P. ›War der Vater dann krank?‹

A. ›Er hatte manchmal Halsschmerzen und viel Aerger und Aufregung.‹

P. ›Hatte er nicht mit Ihnen eine Reise vor?‹

A. ›Ja, wir wollten zu Weihnachten nach Bautzen zur Schwester, aber es wurde ihm wieder leid. Ich sollte ohne ihn fahren, aber ich wollte den Papa nicht so allein lassen.‹

P. ›Ging der Vater öfters abends aus?‹

A. ›Ich mahnte ihn dazu, weil er durch ein Glas Bier vielleicht den mangelnden Schlaf und die Traurigkeit vertreiben könne.‹

P. ›Traf der Vater nach dem Tode der Mutter eine Aenderung in der Wohnung?‹

A. ›Ja, weil er nirgends Ruhe fand, bettete er sich in meine Schlafstube, und schlief in der Wohnstube auf dem Sofa.‹

P. ›Konnte er denn gut essen?‹

A. ›Er aß seine Mahlzeiten, aber ohne viel Appetit.‹

P. ›Hat er nie von Todesahnungen gesprochen?‹

A. ›Nein, niemals.‹

P. ›War der Vater früher heiter?‹

A. ›Ja, vor dem Tode der Mutter sehr heiter.‹

P. ›Befand er sich denn in Markranstädt wohl?‹

A. ›Ja, es gefiel ihm da sehr gut?‹

P. ›Wann erkrankte er nun?‹

A. ›Am 19. December abends.‹

P. ›War der Vater vorher unwohl?‹

A. ›Nein, er war nachmittags spazieren.‹

P. ›Was hatten Sie an diesem Mittag zu essen?‹

A. ›Schöpsenbraten.‹

P. ›Wann kam der Vater abends nach Hause?‹

A. ›Nach 7 Uhr, wir aßen Abendbrot, ich gab dem Papa Wurst und Verschiedenes. Ich besorgte dann einige Wege und setzte dem Papa noch Chocolade und Pfefferkuchen hin, welch erstere ich gekocht hatte.‹

P. ›Blieben Sie lange aus?‹

A. ›Nein, ich besorgte nur kleine Wirthschaftsdinge.‹

P. ›Wo stand denn vorher die Chocolade?‹

A. ›Im Ofen; dann stellte ich sie auf den Tisch und sah noch, wie der Vater den Pfefferkuchen hineintauchte.‹

P. ›Aß der Vater Zucker zur Chocolade?‹

A. ›Ja, klaren Zucker aus einer Blechbüchse.‹

P. ›Konnte jemand zu Ihrem Vater, als Sie fort waren?‹

A. ›Nein, ich hatte den Vorsaal verschlossen.‹

P. ›Wie traten denn nun die Krankheitserscheinungen ein?‹

A. ›Er bekam Erbrechen, hatte unruhigen Schlaf. Früh konnte er nicht aufs Rathhaus. Ich mußte die Casseschlüssel zur Sparkasse tragen, und als ich wiederkam, war der Papa aufgestanden und lag auf dem Sofa. Ich mußte ihm das Bett machen, wo er sich wieder hinlegte. Er hatte viel Durst und mußte Eisstücke schlucken, auch Medizin einnehmen.‹

Die Angeklagte erzählt den Zustand in eingehender Weise, unter anderem erzählt sie, der Vater hätte gesagt: ›Ich weiß nicht, ich habe gar keinen Puls- und Herzschlag mehr!‹ Es wurde nun immer schlimmer, aber genaues weiß sie nicht mehr, weil sie selbst unwohl wurde.

P. ›Also die Erscheinungen waren ganz wie bei der Mutter?‹

A. ›Ja, ganz ähnlich.‹

P. ›Die Krankheit trat gleich nach dem Chocoladengenuß ein? Das mußte doch Ihnen und auch dem Vater auffallen!‹

A. ›Ja, wir sprachen auch darüber und meinten, die Süßigkeiten müßten Beider Magen eben schlecht vertragen.‹

P. ›Wann trat der Tod des Vaters nun ein?‹

A. ›Fünf Tage nach dem Chocoladengenusse abends 7 Uhr, gerade am Weihnachtsheiligenabend.‹

P. ›Es liegt nun der Verdacht vor, daß Arsenikvergiftung die Ursache ist. Man hat auch Arsenik bei den Todten im Magen gefunden. Können Sie sich das nicht erklären?‹

A. ›Nein, gar nicht.‹

P. ›Sie haben nie Arsenik bei Ihrem Vater gesehen?‹

A. ›Nein.‹

P. ›Hatten denn die Eltern irgendeinen Grund, daß sie etwa einen Selbstmord begehen konnten?‹

A. ›Ach nein, nicht im Geringsten.‹

P. ›Hatte Ihr Vater keine Feinde, denen die That zuzutrauen wäre?‹

A. ›Nein, nur mit meiner Schwester Mann hatte der Vater eine kleine Spannung gehabt, aber die war unbedeutend und längst beseitigt.‹

P. ›Wer hat denn nun die Section angeordnet?‹

A. ›Der Arzt, aber ich wollte erst nicht, weil ich dadurch meinen Papa doch nicht wieder kriegen konnte.‹

P. ›Die Leiche wurde nun nach Bautzen geschafft und beerdigt, und Sie waren bei der Beerdigung?‹

A. ›Ja, ich fuhr mit meinem Onkel.‹

P. ›Kannten Sie die Vermögens-Verhältnisse Ihrer Eltern?‹

A. ›Ja, ich wußte, daß meine Mutter eine kleine Erbschaft gemacht hatte; und jedes der Eltern war mit 3.000 Mark oder Thalern versichert, das weiß ich nicht genau.‹

P. ›Haben Sie nie darnach gefragt, ob Sie von der Hinterlassenschaft Ihrer Eltern später leben könnten?‹

A. ›Nein, die Eltern waren so rüstig, daß ich nie an deren Tod dachte.‹

P. ›Es fand sich eine Unfallversicherungs-Police über 20.000 Mark in der Hinterlassenschaft, wußten Sie das?‹

A. ›Ja, aber ich wußte nicht wie hoch.‹

P. ›Dachten Sie niemals, daß Sie nach dem Tode der Eltern von dem Vermögen gut leben könnten?‹

A. (weinend) ›Ach nein, ich hatte ja keinen Menschen mehr!‹

P. ›Der Verdacht des Mordes fiel nun auf Sie?‹

A. ›Ja, der Herr Staatsanwalt denkt es.‹

P. ›Waren Sie nicht verlobt? Man sprach davon.‹

A. ›Nein, ich war nicht richtig verlobt.‹

P. ›Wollten die Eltern Sie nicht gern verheirathen, um Sie versorgt zu wissen?‹

A. ›Nein, im Gegentheil, die Mama sagte, sie würde mich dann schmerzlich vermissen.‹

P. ›Aber ein Verhältniß hatten Sie.‹

A. ›Ja, aber es bestand nicht mehr, das wußten die Eltern nicht.‹

P. ›Sie reisten einige Tage vor dem Tode der Mutter nach Dresden, angeblich zu diesem Bräutigam; aber Sie gingen wo anders hin. Sie schickten sich auch selbst Bouquets im Namen dieses angeblichen Bräutigams, ja Sie schickten sogar im Namen dieses gar nicht vorhandenen Verlobten einen Palmenzweig zum Begräbnis der Mutter, den Sie selbst kauften. Sie versuchten immer den Glauben aufrecht zu erhalten, daß Sie verlobt wären. Warum sagten Sie den Eltern nicht die Wahrheit?‹

A. ›Ich wollte immer, aber ich fand keine Gelegenheit.‹

P. ›Das ist nun eigenthümlich, daß Sie auch nach der Mutter Tode keine Gelegenheit fanden, dem Vater die Wahrheit zu sagen. Sind Sie infolge dieses Lügengewebes, das doch endlich an den Tag kommen mußte, von Verzweiflung ergriffen worden und haben sich so an den Eltern vergriffen?‹

A. (weinend) ›O nein!‹

P. ›Hat Ihnen die Mutter nicht 550 Mark, die Sie in der Leipziger Sparkasse einzahlen sollten, gegeben?‹

A. ›Ja, aber ich zahlte sie nicht ein, weil ich nicht gleich nach Leipzig kam. Als dann die Mutter todt war, gab ich das Geld dem Vater.‹

P. ›Gaben Sie nichts davon aus?‹

A. ›Ja, ich kaufte den Palmenzeig davon.‹

P. ›Aber dem Kassenbuche Ihres Vaters nach ist der Betrag kaum zur Hälfte in seine Hände gelangt.‹

A. ›Ich habe ihm aber das Geld ganz gegeben.‹

P. ›Das ist möglich. Der Vater scheint noch mehr Einnahmen nicht gebucht zu haben. – Man fand bei Ihnen viele Briefe von Heirathsgesuchen; hatten Sie denn ein solches Gesuch gemacht?‹

A. ›Ja, aber nur zum Scherze.‹

P. ›Sie sollen auch ein Verhältniß mit einem Schauspieler Korb gehabt haben?‹

A. ›Ja, ich lernte ihn kennen, und er führte mich nach Hause.‹

P. ›Sie sind ihm auch später nach Taucha nachgereist und haben der Mutter gesagt, Sie führen nach Leipzig zur Tante. Es war um die Zeit, wo der Vater Sie in Dresden bei dem angeblichen Bräutigam glaubte. Was hatte das Verhältniß mit dem Korb für einen Zweck?‹

A. ›Eigentlich gar keinen, es war nur oberflächliche Bekanntschaft.‹

P. ›Aber Sie schrieben ihm ernsthafte, dringende Briefe, und weil er Sie wenig beachtete, so haben Sie in Taucha viel geweint.‹

A. ›Ja, aber nicht seinetwegen, sondern weil ich von zu Hause fort war mit einer Lüge.‹

P. ›Gab's denn zu Hause wegen dieser Liebschaft keine Aergernisse?‹

A. ›Nein, niemals, ich stand mit den Eltern im besten Einvernehmen.‹

Staatsanwalt: ›Wünschte der Vater nicht eine Section der Mutterleiche?‹

A. ›Ja, aber sie war schon angezogen, und ich sprach dann dagegen.‹

St. ›Warum wurde denn die Mutter in Bautzen begraben, das haben Sie doch veranlaßt?‹

A. ›Ja, die Mutter hatte im Leben oft diesen Wunsch ausgesprochen, weil es ihre Heimath war und ihre Eltern dort begraben liegen.‹ (A. erzählt viel über das Begräbniß und weint dabei wiederholt; auch viele Damen im Publikum weinen leise.)«

Die Existenz und tödliche Wirkung dieses Giftes war Allgemeinwissen und Fanny Schrön (wie jedem damals Lebenden auch) bekannt: Denn »wegen Ungeziefers und Ratten ist vom Bürgermeister Schrön eine Büchse mit Rattengift angeschafft worden, welche in der kleinen Stube stand, in welcher die Angeklagte schlief, ebenso eine Schachtel mit Giftkörnern, für deren Aufbewahrung kein besonderer Ort bestimmt war. Diese Gegenstände sind auch noch nach dem Tode der Schrön'schen Eheleute gefunden worden. Ferner war kurz nach der Uebersiedlung des Bürgermeisters Schrön von Apolda nach Markranstädt, welche am 1. Juni 1888 erfolgte, auf Veranlassung desselben eine blaue Schürze mit Arsenik präparirt und dann in den verschiedenen Stuben aufgehängt oder auf den Boden gelegt worden. In allen diesen Fällen hat aber, wie die Angeklagte versichert, der Vater sie ausdrücklich vermahnt, sich vor dem Gift in Acht zu nehmen.

Wenn aus der Schürze eine geringe Menge Staub gefallen war, hätte die Mutter denselben zusammengekehrt und verbrannt. Die Schürze sei im Winter 1888/89 gewaschen worden, jedenfalls von der Waschfrau Laurisch, und es ist dann dieselbe wieder aufgehoben worden. Die Mutter sei sehr eigen und peinlich gewesen, es sei daher jedenfalls die Schürze besonders gewaschen worden. Später hätten dann die Eltern einen Kammerjäger gebraucht, gegen Weihnachten wäre das Ungeziefer vertrieben gewesen.

Ob außer dem Erwähnten noch anderes Gift in der Wohnung der Eltern gewesen sei, vermag die Angeklagte nicht anzugeben, es ist dort aber ein Päckchen mit chlorsaurem Kali gefunden worden, dies soll aber noch von der Krankheit der Schwester der Angeklagten herrühren. Woran ihre Mutter eigentlich gestorben sei, will die Angeklagte nicht wissen, der Arzt habe ihr gesagt, an Magenkatarrh und Herzlähmung.

Nach dem Tode ihrer Mutter habe sie die ganze Wirthschaft allein besorgt. Ihr Vater habe geklagt, daß bei ihm sich jede Aufregung auf den Hals lege, er habe starke Halsschmerzen gehabt, an denen er bereits früher gelitten, und er habe deshalb auch bereits Prof. Seydel in Jena befragt. Der Vater sei immer sehr traurig gewesen, er hätte mit ihr zu Weihnachten nach Bautzen zu ihrer verheiratheten Schwester fahren wollen, sei aber dann willens gewesen, zu Hause zu bleiben, weil er doch dort seine Bequemlichkeit zu sehr vermissen werde. Er hätte nach dem Tode der Mutter große Unruhe gezeigt und während der Nacht nicht schlafen können. Er habe sehr über Andrang des Blutes nach dem Herzen geklagt, aber regelmäßig seine Mahlzeiten genommen, seine Arbeiten nach wie vor besorgt und nicht vom Tode gesprochen. Da bei der Rückkehr von Bautzen, wo die Mutter begraben worden war, das Sterbezimmer noch nicht gehörig gelüftet war, habe der Vater die erste Nacht auf dem Sopha in der kleinen Stube zugebracht, auf ihre Bitte habe er dann in ihrer Schlafstube geschlafen, während sie auf dem Sopha schlief. Ihr Vater sei sonst immer sehr heiter und lebenslustig gewesen, nur in Apolda sei er öfter trübe gestimmt gewesen, in Markranstädt hätte er, wie er selbst gesagt, eine gute Gemeinde gefunden.

Am 19. December, an welchem Tage der Bürgermeister Schrön so plötzlich erkrankte, hat, wie die Angeklagte Schrön angiebt, der Vater mit ihr zum Mittagsbrod Schöpsenbraten gegessen, ist dann um 3 Uhr nach dem Rathhaus gegangen, kurze Zeit darauf aber wieder nach Hause gekommen. Er ist dann spazieren gegangen und hat abends eine Christbescheerung besucht. Zum Abendbrod hat er hausschlachtene Wurst gegessen, die er sich vorher gewünscht hatte. Kurz vorher habe sie, fährt die Schrön fort, Chocolade gekocht, wieder ohne Zusatz von Mehl, sondern nur mit Milch und Eiern. Sie habe dann die Chocolade im Ofen stehen lassen und habe einige häusliche Besorgungen verrichtet. Als sie zurückgekommen sei, habe ihr Vater ihr mitgetheilt, daß Frau Schmidt (die Hausbesitzerin) dagewesen sei und gebeten habe, Fanny möge des Abends ein Wenig heraufkommen. Sie habe unten bleiben wollen, da der Vater wider Erwarten zu Hause bleiben wollte, der Vater aber habe gesagt, sie solle nur nach oben gehen. Sie habe nun ihrem Vater die Chocolade in einer Kanne und einer Tasse vorgesetzt, zur Chocolade habe er Pfefferkuchen gegessen. Auch eine Büchse mit gemahlenem Zucker habe sie ihm hingestellt, dann sei sie zu Schmidt's gegangen. Während die Chocolade, welche die Mutter genossen hatte, aus Richter-Chocolade hergestellt gewesen war, ist nach Angabe der Schrön die Chocolade des Vaters aus Stollwerk'schen Fabrikat hergestellt worden. Während die Schrön bei Schmidt's gewesen ist, hörten sie unter sich in der Stube, in welcher der Bürgermeister Schrön sich befand, den Hund bellen, sie hatten aber die Vorsaalklingel nicht gehört. Bald vernahmen sie auch Töne, als ob es unten Jemand höbe und als ob sich Jemand übergäbe. Die Schrön will nun mit Frau Schmidt hinuntergegangen sein, wo sie gefunden hätte, daß sich der Vater heftig gebrochen hätte. Er habe ihr auch gesagt, daß es ihm schlecht sei und daß sich jedenfalls der Pfefferkuchen und Chocolade nicht vertrüge Er wolle aber nicht, daß ein Arzt geholt würde, dann gab er es aber zu und es wurde Dr. Müller auch zu Rathe gezogen. Am Freitag hätte der Vater aufs Rathhaus gehen wollen, auf ihr Bitten aber habe er es aber unterlassen und sie sei dann aufs Rathhaus gegangen, um die Sparcassenschlüssel herauszugeben.

Als sie zurückgekommen, habe der Vater sich außerhalb des Bettes befunden, sie habe dasselbe frisch gemacht und er habe sich auf ihre Bitten wieder niedergelegt. Sie habe dann mehrere Gänge zu besorgen gehabt und den Vater gefragt, ob nicht Frau Schmidt einstweilen unten bleiben solle, er habe es ihr aber abgeschlagen. Als es am Abend wieder schlimmer wurde, sei zu Dr. Müller geschickt worden; da dieser selbst unwohl war und nicht kommen konnte, wurde Dr. Heyne geholt. Dieser verordnete Morphiumtropfen und Champagner, von dem der Kranke auch ½ Weinglas voll trank. Während der Krankheit hat Schrön nichts genossen, als ein bißchen Mehlsuppe, ein Löffelchen Kaffee und einen Löffel spanischen Wein, sowie mehrfach Eisstückchen zur Löschung des heftigen Durstes.

Die Krankheitssymptome Schrön's waren ebenfalls Erbrechen, Würgen, im Anfang Durchfall. Zur Aufnahme des Erbrochenen beziehentlich der Entleerungen wurde anfangs das Waschbecken, später ein Eimer benutzt. Die Angeklagte giebt zu, gehört zu haben, wie Dr. Heyne zur Frau Laurisch gesagt hatte, sie solle die Entleerungen aufheben; ob sie das gethan habe, sei ihr nicht bekannt. Auch Dr. Heyne hätte die Krankheit als Darmkatarrh bezeichnet. Der Herr Vorsitzende hält der Angeklagten dann vor, daß der Vater, wie später festgestellt wurde, sich Arsenik verschafft hatte, und fragt sie, ob ihr dies bekannt gewesen sei. Sie verneint das. Weiter wird die Angeklagte gefragt, ob sie sich erklären könne, wie der Arsenik, welcher sich in dem Magen des Vaters und auch der Mutter gefunden wurde, diesen beigebracht sein könne. Auch diese Frage verneint die Schrön, deutet aber dann darauf hin, daß ihr Vater Arsenikesser gewesen sein könne, sie sei durch eine Aeußerung eines Herren zu ihrer Schwester in Bautzen darauf geleitet worden. Sie könne keinen Grund angeben, aus dem man annehmen könne, daß ihre Eltern durch Selbstmord geendet hätten. Sie seien gut zusammen gewesen und hätten in den glücklichsten Verhältnissen gelebt. Das Verhältniß der Geschwister zu den Eltern ist stets ein sehr gutes gewesen, zwischen dem Vater und dem Schwager der Angeklagten war kurze Zeit ein gespanntes Verhältniß, doch wurde das nach dem Tode der Mutter behoben.

Nach dem Tode ihres Vaters hätte sie sich keinen bestimmten Plan gefaßt, wie ihr künftiges Leben sich gestalten sollte, sie wollte ihr Logis in Markranstädt aufgeben und vorläufig zu ihrer Schwester gehen. Sie habe gewußt, daß ihre Mutter etwas geerbt habe und daß ihr Vater und ihre Mutter in der Lebensversicherung mit 1.000 Mk oder Thaler versichert seien. Mit ihrem Schwager habe sie das Erbtheil ihrer Mutter getheilt, es sei dies aber nur ein Nothpfennig und nicht soviel, um davon zu leben. Der Vater war 56 Jahre, die Mutter 55 Jahre alt geworden.

Die Angeklagte gesteht dann auf Befragen zu, daß sie gewußt habe, ihr Vater sei gegen Unfall versichert gewesen, wie hoch die Versicherungssumme gewesen sei, hätte sie nicht gewußt. Später aber hätte sie eine Unfallversicherungspolice über 20.000 Mk gefunden, und ihr Schwager hätte ihr aber gesagt, daß hierauf nichts bezahlt würde, und sie hätte darum die Police bei Seite gelegt. Durch den Tod ihrer Eltern sei sie in eine mißliche Lage gekommen, sie sei jetzt ganz allein und ohne Stütze.

Der Herr Vorsitzende geht dann auf die verschiedenen Momente über, die Fanny Schrön in den Verdacht brachten, ihre Eltern vergiftet zu haben. Zunächst hebt er hervor, daß in ganz Markranstädt die Rede verbreitet gewesen sei, und ihre Eltern hätten auch davon gewußt, daß die Angeklagte verlobt gewesen sei, und fordert sie auf, sich hierüber zu erklären. Sie giebt zu, daß sie in der That nicht verlobt sei, daß sie aber ihren Eltern in Markranstädt gegenüber den Kaufmann Baumann in Dresden als ihren Verlobten bezeichnet habe. Sie kann keinen besonderen Grund für ihre Handlung angeben, sie behauptet, es sei ihr gewesen, als könne sie nicht anders. Vor acht Jahren hätte ihre Schwester geheirathet, es sei nicht der Wunsch ihrer Eltern gewesen, daß sie durch Heirath das elterliche Haus verlasse, ihre Mutter hat öfter gesagt, sie würde sie schmerzlich vermissen. Auch der Vater habe sich in gleicher Weise ausgedrückt. Einmal habe Baumann auf der Durchreise ihre Eltern besucht, da sei aber davon keine Rede gewesen.

Kurz vor dem Tode ihrer Mutter ist die Schrön drei Tage verreist gewesen und hat ihrem Vater gegenüber behauptet, sie hätte ihren Bräutigam besucht. Sie hat sich ferner selber Bouquets bestellt und hat dann vorgegeben, dieselben seien

Geschenke ihres Bräutigams. Nach dem Tode ihrer Mutter hat sie in Erfurt Palmenzweige bestellt und dieselben mit den Karten ihres angeblichen Bräutigams und dessen Bruders nach Bautzen geschickt.

Der Herr Vorsitzende hält der Angeklagten nun vor, wie es komme, daß sie auf diese Weise ihre Eltern ein ganzes Jahr hingezogen und ihnen das Lügengewebe nicht offenbart habe. Die Schrön will es ihren Eltern bei passender Gelegenheit habe sagen wollen, doch hätte sie sich keine bestimmte Zeit gedacht. Beim Tode der Mutter wollte sie es nicht, weil der Vater schon so betrübt war. Auch der Schwester gegenüber hat die Angeklagte von ihrem Verlobten gesprochen. Anderen Leuten gegenüber hat sie ihre Hochzeit in nahe Aussicht gestellt, auch an der Beschaffung ihrer Aussteuer soll sie gearbeitet haben und zwar noch im letzten Jahre in Gemeinschaft mit ihrer verstorbenen Mutter. Sie hat auch behauptet, daß ihre Ausstattungswäsche bald fertig sei, und entschuldigte das Ausbleiben ihres Bräutigams damit, daß er krank sei, er habe zweimal die Hand gebrochen. Die Schrön behauptet, ihre Eltern seien stets sehr gut zu ihr gewesen, sie würden zwar böse geworden sein, wenn sie ihnen gesagt hätte, daß ihre Verlobung erlogen sei, aber ihr sicherlich verziehen haben.

Es kommt dann weiter zur Sprache, daß in dem Nachlaß eine Kiste mit einem Meißner Porzellanservice vorgefunden wurde. Die Schrön will von ihrem Vater den Auftrag erhalten haben, daß Porzellanservice zu kaufen, er habe ihr auch 110 Mk dazu gegeben und den Rest von 37 Mk habe sie aus ihrer Tasche bezahlt. Weil sie noch nicht mit sich einig gewesen wäre, ob ihr gerade das Porzellanservice gefallen würde, habe sie beim Einkauf gesagt, es sei für Jemand Anderes bestimmt, um eher weggehen zu können.

Nach dem Tode der Frau Schrön behauptete die verehelichte Tochter des Bürgermeisters Schrön, daß sie ihrer Mutter im Juli 500 Mk zum Einzahlen auf der Sparcasse gegeben habe, daß dies aber nicht geschehen sei. In Bezug hierauf meinte der Vater, die Mutter müsse in der letzten Zeit sehr viel Geld gebraucht haben, er könne das nicht begreifen. Nachdem in der Voruntersuchung die Schrön anfangs bestritten hatte, eine größere Summe besessen zu haben, gab sie später an und hielt dies auch in der Hauptverhandlung aufrecht, daß sie an dem Freitag, an welchem ihre Mutter erkrankte, von ihr eine Summe von 550 Mk erhalten habe, um dieselbe in Leipzig bei der Sparcasse einzuzahlen. Es sei an jenem Tage nicht nach Leipzig gekommen und habe dann von dem Gelde die Palmenzweige zum Begräbnisse ihrer Mutter bezahlt, die als angeblich von ihrem Bräutigam und dessen Bruder herrühren sollten. Den Rest habe sie ihrem Vater im Coupé gegeben, als sie von Bautzen zurückkehrten. In einem von dem Vater aufgenommenen Einnahme- und Ausgabebuch findet sich allerdings dieser Posten nicht, doch sind auch andere Posten nicht gebucht worden.

Es wird dann vom Herrn Vorsitzenden die eigenthümliche Thatsache constatirt, daß im Besitz der Schrön eine Anzahl von chiffrirten Briefen, von Heirathsgesuchen herrührend, vorgefunden wurden. Sie giebt zu, daß sie selbst einmal ein Heirathsgesuch hätte einrücken lassen und auch unter Chiffre eingegangene Briefe abgeholt habe. Sie will dies aus jugendlicher Thorheit begangen haben.

Weiter kommt zur Erörterung das Verhältniß der Schrön zu dem Schauspier Korb. Die Art und Weise, wie sie die Bekanntschaft mit denselben gemacht habe, schildert sie in folgender Weise. Korb sei zuerst öfters bei ihrem Garten vorbeigegangen und habe immer gegrüßt, später sei er unter dem Fenster vorübergegangen und habe wiederholt gegrüßt. Auch im Theater habe er seine Aufmerksamkeit ihr zugewandt. Sie sei dann einmal allein im Theater gewesen und hätte noch einmal zurückgehen müssen, da sie ihr Portemonnaie vergessen hatte. Sie habe da Korb getroffen, dieser habe ihr suchen helfen und sie dann nach Hause begleitet. Später sei sie dann mehrfach mit Korb in den Anlagen Markranstädts spazieren gegangen.

Auf Befragen des Herrn Vorsitzenden giebt sie auch zu, nach Taucha gereist zu sein und dort drei Tage im Gasthof zugebracht zu haben. Es sei dies wenige Tage vor der Erkrankung der Mutter, vom 4. bis zum 6. November geschehen. Sie habe zu ihrem Vater gesagt, sie sei bei ihrem Verlobten in Dresden gewesen, während sie der Mutter gegenüber angegeben habe, sie fahre zur Tante nach Leipzig. Sie habe nicht zu fürchten gehabt, daß ihre Mutter die Tante befrage, da zwischen beiden zu jener Zeit eine gewisse Spannung geherrscht habe.

Zwischen ihr und Korb sei nicht die Rede von einer Heirath gewesen, sie habe nie daran gedacht, ihn zu heirathen. Korb hat verschiedene Briefe von ihr unbeantwortet gelassen, da sie wollte, daß unter Buchstaben die Briefe gingen, während er direct schreiben wollte. Nach dem Tode der Mutter hat die Schrön noch einen Brief an Korb geschrieben und ihn gebeten, nach Markranstädt zu kommen, weil sie ihn hier persönlich um Discretion bitten wolle.

Nach Angaben der Schrön war das ganze Verhältniß nur eine Spielerei. Der Herr Vorsitzende hält dem entgegen, daß sie sich aber in Taucha sehr unglücklich gefühlt habe, weil Korb sie vernachlässigt habe. Sie habe auch damals heftig geweint. Die Schrön erklärt, sie habe geweint, da sie gern nach Hause wollte, aber nicht konnte, da sie angegeben hatte, sie reise drei Tage zur Tante. Ihre Eltern hätten nichts davon erfahren, daß sie ein Verhältniß mit Korb habe, und auch nichts gewußt von ihrer Reise nach Taucha. Sie habe sowohl mit dem Vater wie der Mutter in breitem Einvernehmen gelebt.

Der Zeuge Dr. Müller in Markranstädt ist am 9. November nachmittags zwischen drei und vier Uhr zur Frau Schrön gerufen worden, die von geringem Unwohlsein befallen war und an Erbrechen litt. Er habe ihr Diät angerathen und Opiumtinctur verschrieben, sie hat davon 15 bis 20 Tropfen genommen. Er habe die Krankheit für einen Magen- und Darmkatarrh gehalten. Frau Schrön konnte für ihre Erkrankung keinen wesentlichen Grund angeben. Der Puls war nicht besonders abweichend, das Fieber gering. Es war keine Spannung und Hautveränderung bemerkbar. Am Sonntagmorgen zeigte sich eine geringe Besserung, das Erbrechen hatte nachgelassen, es war kein Durchfall mehr vorhanden, und es zeigte sich kein Besorgniß erregendes Moment, die Krankheit bot das Bild eines mäßigen Magen- und Darmkatarrhs, der zu Ende ging. Abends war eine Verschlimmerung eingetreten, es war ein auffallender Kräfteverfall zu constatiren. Während der Vorbereitung einer Aetherinjection wollte Frau Schrön aus dem Bette steigen, fiel aber vor Schwäche um. Gegen ½10 Uhr ist dann der Tod eingetreten, den Dr. Müller auf eine Herz- und Lungenlähmung zurückführte, da auch der Bürgermeister Schrön ihm mittheilte, daß seine Frau öfter an dergleichen Zuständen gelitten habe. Er könne sich nicht erinnern, daß die Entleerungen und das Ausgebrochene noch vorhanden gewesen seien, als er zur Patientin gekommen sei. Zur Pflege sei die Tochter da gewesen, doch habe er an derselben nichts Auffallendes wahrgenommen.

Am 19. December Abends sei er wieder zu Bürgermeister Schrön gerufen worden, der unter ähnlichen Symptomen erkrankt war. Auch bei ihm zeigte sich heftiges Erbrechen, er hatte aber bedeutend mehr Leibschmerzen, auch war das Durstgefühl ein stärkeres. In den späteren Tagen stellten sich Athembeschwerden ein. Schrön wurde sehr blaß und kalt, und die Krankheit machte einen Besorgniß erregenden Eindruck. Auch Schrön konnte nicht angeben, ob er etwas Schädliches gegessen habe. Anfangs hat er wohl nicht geahnt, daß die Krankheit tödlich verlaufen würde. In den letzten Tagen aber wurde sein Zustand immer schlimmer, und 36 Stunden vor dem Tode kam der Zeuge Dr. Müller zu der Meinung, daß Schrön sterben müsse. Am Abend vor dem Tod fand Dr. Müller den Gesichtsausdruck des Kranken starr, eine auffallende Blässe und starke Atembeschwerden. Dr. Müller hat keine Kenntniß davon, daß Schrön gern medicinirte, es ist ihm aber bekannt, daß er am Leben hing.

Dr. Müller bestätigt auch, daß Fanny Schrön während der Krankheit ihres Vaters einen Anfall von Geistesstörung gehabt habe. Sie habe da phantasirt, sie sei in Priestäblich (Gemeinde in Nordsachsen) gewesen und habe dort Eier gegessen, und diese säßen (auf die Schläfe deutend) hier. Dabei habe sie auf einem Wasserständer gesessen und sich immer in gedeckter Stellung gehalten, als wolle ihr jemand etwas zu Leide thun. Am anderen Morgen sei ihr wieder besser gewesen, nur habe sie über bedeutende Kopfschmerzen geklagt.

Da Dr. Müller eine Vergiftung vermuthete, weil die Symptome der Erkrankung Schrön's mit Rücksicht auf die gleichen Erscheinungen bei der Krankheit der Ehefrau ihm verdächtig vorkamen, wollte er eine Section der Leiche des Bürgermeisters Schrön vornehmen. Die Angeklagte Fanny Schrön war anfangs dagegen, gab aber später ihre Zustimmung, wenn die Section bis Mittag beendet sein würde. Die Section ist auch gegen 1 Uhr zu Ende geführt worden, und es wurden einzelne Theile der Leiche zwecks Untersuchung mit fortgenommen. Nachmittags 3 Uhr ist dann Dr. Müller nochmals zur Angeklagten Schrön gerufen worden, die angeblich an Stuhlverstopfung litt. Er habe ihr etwas verordnet, und es habe ihn dann die Schrön gefragt, ob denn der Vater noch alles hätte, ob sie nicht Magen, Leber und Niere mitgenommen hätten. Er habe ihr hierauf eine verneinende Antwort gegeben. Ihm sei nichts davon bekannt, daß der Bürgermeister Schrön ein gewohnheitsmäßiger Arsenikesser sei. Dagegen bestätigt Dr. Müller, daß ihm Fanny Schrön bei der Erkrankung ihres Vaters gefragt habe: Das ist doch gerade wie bei der Mama!

Der Zeuge Dr. Heyne aus Markranstädt hat ebenfalls Schrön behandelt, er wurde während eines Unwohlseins Dr. Müllers gerufen. Er hat anfangs nur geringen, später sich aber verstärkenden Verdacht gehabt, daß hier eine Arsenikvergiftung vorliege. Er habe daher die Pflege der Fanny Schrön perhorriscirt (zurückgewiesen) und als Pflegerin Frau Laurisch gefordert. Auch er bestätigt, daß die Angeklagte einen Anfall von Bewußtseinsstörung gehabt hat, und giebt an, als an jenem Tage der Schrön Fleisch vorgesetzt wurde, sie dasselbe zurückgewiesen habe mit dem Bemerken, es sei vergiftet. Er erwähnt weiter ein Gespräch im Wirthshause, welches nach dem Tode der Frau geführt wurde und bei welchem ihm Schrön um ein Heilmittel gegen ein Leiden gebeten habe. Es sei ihm von Schrön vorgeschlagen worden, er solle nur Arsen nehmen, und Schrön habe sich auch sofort dazu bereit erklärt, sich am nächsten Tage solches zu holen. Dr. Heyne habe hierauf entgegnet, daß Arsen nur gegen ärztliche Vorschrift gegeben werde, und da habe der Bürgermeister Schrön gemeint: ›Dazu ist hier nicht der Ort, ich betrachte es nur als Scherz, die Unterredung beschlossen.‹ «

Ein Thema, über das man damaliger Zeit sehr ungern sprach: Altersleiden und Potenzbeschwerden. Tatsächlich wurde die Arsenikverbindung der *Fowlerschen* Lösung ehedem vor allem in laienmedizinischen Kreisen als Wundermittel angepriesen und verwendet. Neben Atembeschwerden sollte sie Erektionsstörungen auf einfache Weise beheben können. Möglich ist, dass Julius Schrön davon Kenntnis erlangt hatte und das Aphrodisiakum gebrauchte, vielleicht hatte man ihn aus diesem Grund als *Arsenikesser* bezeichnet.

Vor allem im neunzehnten Jahrhundert wurde Arsenik von der Bevölkerung verspeist, um das allgemeine Wohlbefinden, die Ausdauer und die Atmungsfähigkeit zu steigern. Dabei wurden zunächst kleine Portionen gegessen und mit der Zeit die Menge stark erhöht. Arsenikesser nehmen den weißen Arsenik einmal wöchentlich in sehr kleinen Mengen, steigern dann allmählich die Gabe, wenn das Gift bei der gewöhnten Dosis nicht mehr wirkt bis zu drei Gramm. Arsenikesser vertrugen somit eine ansonsten letale Dosis ohne nachweisbare Vergiftungserscheinungen. Entsprechende Berichte sind bis Mitte des vorigen Jahrhunderts bekannt. Darüber hinaus sollen Prostituierte *Fowlersche Lösung* getrunken und aufgetragen haben, um einen gesunden Teint und rosige Wangen zu bekommen.

Eine illegale Verwendung von Arsenpräparaten erfolgte in der Vergangenheit bei der sogenannten Roßtäuscherei. Hier sollte deren Einnahme zu einem schönen, glänzenden Fell führen. Außerdem kam es zur Appetitsteigerung der Pferde, wodurch sie mehr fraßen und somit kurz vor dem Verkauf gesünder und wohl genährt erschienen.

Die *Fowlersche Lösung* (Liquor Kalii arsenicosi; englisch *Fowler's solution*) »ist eine anorganische Arsenverbindung und war ein vom 18. Jahrhundert bis zur Mitte des 20. Jahrhunderts bekanntes Medikament, das lange als medizinisches Wundermittel galt und als Fiebersenker, Heilwasser und sogar als Aphrodisiakum und Heilmittel bei Leukämien und Lymphoblastomen Anwendung fand. Hauptbestandteil der Fowlerschen Lösung war die hochgiftige Arsenverbindung Kaliumarsenit, die zur Geschmacksverbesserung mit Lavendelwasser vermischt wurde. Benannt wurde das Medikament nach dem britischen Arzt und Apotheker Thomas Fowler (1736 – 1801), der – als Anhänger der *Iatrochemie* (Nutzbarmachung der Alchemie) – kleinste Mengen Arsenik in alkalischer Lösung als Fiebermittel und gegen Kopfschmerzen empfahl. In Deutschland wurde das Mittel als *Fowlersche Tropfen* oder *Fowlersche Lösung* zur Behandlung der Schuppenflechte bis in die 1960er Jahre eingesetzt.«

»Daß Schrön früher Arsenik gegessen habe, glaubt Dr. Heyne nicht. Bezüglich der anfänglichen Weigerung Fanny Schrön's, die Leiche ihres Vaters seciren zu lassen, bemerkt Dr. Heyne, die Schrön habe die Weigerung damit motivirt, daß Alles des Transports zum Begräbnis bereits festgesetzt sei. Ob die Schrön auch gesagt habe, sie fürchte, wenn ihr Vater am Typhus oder einer ansteckenden Krankheit gestorben sei, daß die Ueberführung verboten werden könne, darauf könne er sich nicht mehr besinnen.

Die Zeugin Laurisch hat beim Bürgermeister Schrön die gröberen Arbeiten besorgt und ist aller 14 Tage dort zum Waschen und Scheuern gewesen. Sie giebt an, daß sie eine derartige Liebe zwischen Eltern und Kind, wie bei den Eltern der Fanny Schrön und dieser selbst, noch in keiner Familie angetroffen hätte. Fanny Schrön habe bei dem Tode ihrer Mutter mehr geweint und sei trauriger gewesen als beim Tode ihres Vaters, doch kann auch hier Frau Laurisch bezeugen, daß die Verwandten der Angeklagten diese oft aufgefordert haben, ihre Schmerzensausbrüche zu mäßigen.

Als Schrön im Sterben lag, wollte sich seine Tochter an ihn hängen, doch wurde sie von der Frau Laurisch mit den Worten zurückgehalten, sie solle doch ihrem Vater das Sterben nicht noch schwerer machen. Am Sonnabend früh sei sie zur Pflege des Bürgermeisters gekommen. Sie hätte zunächst reine gemacht und Fanny hätte ihr gesagt, daß ihr Vater auch wieder von der Chocolade krank sei, sie hätte auch davon getrunken, und Herr Schmidt hätte gleichfalls davon getrunken. Frau Laurisch hat auch einmal gehört, daß Schrön gerufen hat: ›Lieber Gott, laß mich doch nur leben, bei meinen Kindern, bei meiner Fanny!‹ Herr Schrön sei heiter und lebenslustig gewesen, Frau Schrön war gern allein. Frau Laurisch hat keine Kenntniß von dem Rattengift und den Giftkörnern, dagegen hat sie die mit Arsenik präparirte Schürze im Zimmer liegen sehen und dieselbe einige Monate zuvor ausgewaschen und zwar in besonderem Wasser, das später weggeschüttet wurde. Nach dem Tode Schrön's ist die Laurisch beauftragt worden, die Zimmer reine zu machen. Der kleine Eimer, der zur Aufnahme des Ausgebrochenen verwendet wurde, ist damals von ihr in die Aschengrube geworfen worden. Die Angeklagte habe ihr bei der Abreise gestattet, die Speisevorräthe an sich zu nehmen, sie habe dieselben ohne Schaden an der Gesundheit mit ihren Angehörigen verzehrt. Auch sie bestätigt den Anfall, welchen die Schrön gehabt hat, und giebt mehrfache Aeußerungen derselben während dieses Zustandes wieder.

Es werden hierauf ein Diener beim Landgericht Bautzen und ein Diener beim Landgericht Leipzig vernommen, welche die der ausgegrabenen Leiche der Frau Schrön und die der Leiche des Bürgermeisters entnommenen Theile zu den betreffenden Herren Sachverständigen gebracht haben. Die Diener bekunden, daß, weil sie die betreffenden Körpertheile in verschlossenen Gefäßen fortgebracht hätten, nichts Fremdes hinzugekommen sei.

Herr Chemiker Dr. Bach hatte zwei kleinere Gefäße erhalten, in deren einem sich Harn, in dem anderen Magenflüssigkeit gefunden habe. Ein drittes größeres Gefäß habe Theile vom Magen, Dünndarm, der Niere und der Leber enthalten. Alle diese Körpertheile seien der Leiche Schrön's entnommen. Er habe in denselben weder Phosphor, noch Blausäure, noch Pflanzen-Alkaloide nachzuweisen vermocht. Dagegen habe er in der Leber am meisten, dann aber auch in der Niere ganz zweifellos Arsen nachweisen können und zwar durch den Arsenspiegel. Ebenso erhielt er auch Arsenspiegel bei der Behandlung des Dünndarms, des Mageninhalts und des Harns, doch war derselbe bei dem Letzteren nur gering. Wägbare Mengen darzustellen, hat Dr. Bach nicht vermocht.«

Arsenspiegel oder Marsh'sche Probe »ist eine klassische Nachweisreaktion in der Chemie und Gerichtsmedizin für Arsen, Antimon und Germanium. Sie wurde 1836 von dem englischen Chemiker James Marsh entwickelt. Vor der Entdeckung der Marsh'schen Probe war Arsen(III)-Oxyd (As_2O_3) ein beliebtes Mordgift, da es sich schwer nachweisen ließ. Nach 1836 kamen Morde durch Arsentrioxid (Arsenik) zunehmend seltener vor.«

Versuchsdurchführung: »In einem 50-ml-Becherglas werden 7 mL dest. Wasser vorgelegt und langsam 3 mL Schwefelsäure 96 % eingerührt. Eine Spatelspitze Arsen(III)-oxid oder 1 Tablette (100 mg) *Arsenum iodatum D3* werden in ein Reagenzglas gegeben. Anschließend wird mit der verdünnten Schwefelsäure zur Hälfte aufgefüllt, mit einem Gummistopfen verschlossen und kräftig geschüttelt. Nun wird eine Spatelspitze Kupfer(II)-sulfat zugegeben und abermals geschüttelt. Jetzt wird das Reagenzglas senkrecht am Stativ befestigt, das Zink zugegeben und mit einem lockeren Glaswattebausch versehen. Dem Reagenzglas wird ein durchbohrter Gummistopfen mit eingesetztem, zur Spitze ausgezogenem, Glasrohr aufgesetzt. Nach etwa 10 Sekunden wird eine *Knallgasprobe* mit einem zweiten Reagenzglas durchgeführt. Ist die Knallgasprobe positiv, muss diese nach etwa 5 Sekunden wiederholt werden. Bei negativer Knallgasprobe wird das ausströmende Gas an der Glasrohrspitze entzündet und eine kalte Porzellanoberfläche in die Flamme gehalten. Es bildet sich ein brauner bis braunschwarzer Spiegel von abgeschiedenem Arsen. Auch Antimon und Germanium können solche Spiegel bilden.«

Die Marsh'sche Probe »wurde 1923 von Richard Austin Freeman in dem Roman *The Cat's Eye* (1923) beschrieben, wo Detektiv John Evelyn Thorndyke nachweist, dass Schokolade vergiftet wurde. 1951 wendete Kinderdetektiv Kalle Blomquist in Astrid Lindgrens *Kalle Blomquist lebt gefährlich* ebenfalls den Test von Marsh an. 1929 ließ Dorothy L. Sayers im Kriminalroman *Strong Poison* Lord Peter Wimsey und seinen Diener Bunter den Test in der von Berzelius modifizierten Variante durchführen. Auch der *Wachtmeister Studer* von Friedrich Glauser, der ein Chemiestudium begonnen hatte, veranlasste in seinem dritten Fall *Der Chinese* (1938) einen Arsennachweis nach Marsh.«

Der Gerichtsgutachter setzt seine Ausführungen im Mordprozess Schrön fort: »Die Chocolade war völlig arsenfrei, in den Haushaltsgegenständen aus der Schrön'schen Wohnung, die Dr. Bach zur Untersuchung erhalten hat, fand er nirgends Arsen als im Fliegenpapier und geringe Spuren im Christbaumconfect. Der in der Zuckerdose befindliche Zucker war arsenfrei, das Rattengift enthielt Phosphorlatwerge und die Giftkörner Strychnin.

Herr Dr. Legler, Assistent an der Centralstelle für öffentliche Gesundheitspflege in Dresden, hat Leichentheile der Frau Schrön zur Untersuchung erhalten. Im Bodensatz des Mageninhalts hat Dr. Legler Krystalle wahrgenommen, die unter das Mikroskop gelegt oktaedrische Form zeigten, in dieser aber krystallirt die arsenige Säure. Er hat dann auch Theile von Milz und Niere, Dünn- und Dickdarm untersucht und es gelang ihm, Schwefelarsen darzustellen und auch mit Hilfe des Marsh'schen Apparates den Arsenspiegel zu erhalten. Der Gesammtinhalt der geprüften Theile an arseniger Säure beträgt 1,272 g. Herr Dr. Legler hat dann auch die ihm zugesandte Chocolade untersucht. In derjenigen in Tafeln hat er weder in der Staniolform, noch in der Chocolade Arsen gefunden, bei einer Düte Chocolade fand er ein Zehntel Milligramm. Ein Eimer, den Herr Dr. Legler ebenfalls untersuchte, war in der Hauptsache mit Asche und einer klebrigen Masse gefüllt, in beiden fand der Sachverständige geringe Arsenmengen, 0,006 rsp. 0,0063 g.

Herr Dr. Mentschel, Gerichtsassistent beim Landgericht Bautzen, hat der am 15. Januar 1890 erfolgten Secirung der exhumirten Leiche der Frau Schrön beigewohnt und constatirt, daß aus der Section allein eine directe Todesursache sich nicht ergebe. Bei der Section war auch die Angeklagte Fanny Schrön zugegen; sie hat sich dabei nach Angabe des Herrn Dr. Mentschel etwas exaltirt benommen, sie zeigte erst eine starke Erregung, die bald einer eigenthümlichen Ruhe wich.

Herr Gerichtsassistent Dr. Thümmler fand bei der am 25. December 1889 vorgenommenen Section der Leiche Schrön's nicht die bei Arsenvergiftungen wahrnehmbare besondere Blaufärbung der Lippen. Auf Grund der angestellten Section kommt Dr. Thümmler zu dem Ergebniß, daß sich nicht mit Bestimmtheit behaupten lasse, der Tod sei durch Arsenvergiftung eingetreten, doch stehe Sectionsbefund der Annahme einer acuten Arsenvergiftung nicht entgegen. Herr Dr. Thümmler hat auch die Angeklagte Schrön während ihrer Untersuchungshaft beobachtet. Nach seinem Dafürhalten ist eine ausgesprochene Geistesstörung ausgeschlossen. Auch habe die Schrön, wie ihm mitgetheilt wurde, in den ersten Lebensmonaten an schweren Krämpfen und Gehirnentzündung gelitten, in deren Folge eine Verkürzung des linken Beines eingetreten sei. Sie sei stark magenleidend und habe öfters über Erbrechen geklagt. Sie erscheine nervös-hysterisch erblich belastet und somit psychisch minderwerthig. Von solchen Personen aber scheint die Verlobungsgeschichte wie auch die Liebschaft mit dem Schauspieler Korb nicht so verwunderlich.

Herr Gerichtsarzt Hofrath Dr. Berger hat beiden Sectionen beigewohnt, er schließt sich im Allgemeinen den Gutachten der Herren Sachverständigen an. Bei der verehel. Schrön könne von einer chronischen Vergiftung (d. h. durch gewohnheitsmäßiges Arsenikessen) nicht die Rede sein, dagegen wäre eine acute Vergiftung nachgewiesen. Bei Schrön könnte auch ein ausgedehnter Bronchialkatarrh mit Herzaffection die Todesursache sein, doch sei auch hier Arsen vorgefunden worden. In beiden Fällen aber sei das Gift bei Lebzeiten von außen beigebracht worden. Es wird hierauf die Verhandlung auf Donnerstag früh 9 Uhr vertagt.«

Leipziger Tageblatt, 28. November 1890: »Auch am zweiten Verhandlungstage wohnten Ihre königl. Hoheiten Prinzen Johann Georg und Max in der Präsidentenloge der Verhandlung bei.

Der Herr Vorsitzende Landgerichtsdirector Bartsch eröffnete um 9 Uhr die Sitzung mit der Verlesung der für diesen Tag geladenen Zeugen. Zuerst wird in die Vernehmung des Herrn Apotheker Mendel – Markranstädt eingetreten. Derselbe schildert den verstorbenen Bürgermeister Schrön als zuvorkommenden, bisweilen etwas aufbrausenden Menschen, der gern sprach. Nach dem Tode seiner Frau habe er kein wesentlich verändertes Benehmen gezeigt, nur die ersten Tage sei er niedergeschlagen gewesen. Er hat im Jahre 1888 von dem Zeugen Arsenik bezogen, da er über Ungeziefer in seiner Wohnung, namentlich Mäuse, klagte, welche die Wäsche ihm zerfräßen, bisweilen hat er sogar zerfressene Wäsche mitgebracht.

Als eine Schachtel mit Strychnin-Weizen, die Schrön am 8. August 1888 entnommen, keine Befreiung von dem Ungeziefer herbeiführte, machte er den Vorschlag, eine Schürze mit Arsenik zu vergiften. Herr Apotheker Mendel ließ in Folge dessen durch seinen Gehilfen Wackenroder eine Schürze mit Arsenik (ungefähr 15 g) präpariren, daß Gift war in Stärke verrührt aufgetragen worden, um es haltbarer zu machen. Die Schürze ist dann am 22. Oktober 1888 dem Bürgermeister zugestellt worden. Daß der Zeuge die Erlaubniß gegeben habe, die Schürze zu waschen, ist nicht richtig, ihm ist vielmehr mitgetheilt worden, daß dieselbe vernichtet wäre. Da aber durch die Schürze die Ungeziefer-Plage auch noch nicht beseitigt wurde, so wandte sich Schrön abermals an den Zeugen Mendel und bat ihn um Arsenik, den er auf das Fleisch streuen wollte. Er erhielt solches am 5. December 1888 ausgehändigt, wahrscheinlich in einer gelben Thonkruke, möglicherweise aber auch in einem sorgfältig verkorkten Glasfläschchen, aber sicherlich nicht in Papier. Das Gefäß war mit dem Giftzeichen versehen.

Nach Angabe des Herrn Apotheker Mendel hat Schrön öfter Hausmittel gebraucht. Es sind in der Wohnung drei weiße Büchschen gefunden worden, in diesen ist aber das Gift bestimmt nicht gewesen. Auch die auf dem Rathaus vorgefundenen Mittel haben sich als durchaus unschädlich erwiesen. Das in der Wohnung aufbewahrte Rattengift war schon alt und verdorben. Es sind auch einige Geheimmittel beim Bürgermeister Schrön vorgefunden worden, ebenso hat er homöopathische Mittel gebraucht.

Herr Amtsrichter Flor bezeichnet den Bürgermeister Schrön als mitunter exaltirt und sehr gesprächig und mittheilsam. Nach dem Tode seiner Frau war Schrön auffallend gefaßt. Die Rechnung über die Beerdigungsmusik seiner Frau in Bautzen war als für den Bürgermeister Schrön selbst ausgestellt worden, und er machte deswegen den Zeugen unpassend erscheinenden Scherz, daß er seine Beerdigungsmusik bereits selbst bezahlt. Nach dem Tode der Frau vermuthete man eher, es sei Typhus oder Cholera die Todesursache. Als der Herr Amtsrichter am 24. December früh vom Tode des Bürgermeisters erfuhr, schöpfte er Verdacht. Vormittags kam noch Dr. Müller zu ihm und beantragte die Section; er sprach sich nicht bestimmt aus, man konnte aber merken, daß er Verdacht habe. Der Herr Amtsrichter fragte Dr. Müller deswegen, ob er glaube, daß Schrön am Typhus gestorben sei. Er verneinte dies, gab aber im Verlauf der Untersuchung zu, daß er eine Vergiftung für möglich halte. Der Herr Amtsrichter setzte sich daher Zwecks behördlicher Section mit der königlichen Staatsanwaltschaft in Leipzig in Verbindung, und es wurde dieselbe für den nächsten Tag festgesetzt. Als der Herr Amtsrichter der Angeklagten davon Mittheilung machte, bat diese in weinerlich-ängstlichem Tone, die Section nicht vorzunehmen. Als ihr aber entgegnet wurde, daß dies nicht anginge, bat sie, wenigstens dabei sein zu dürfen.

Nach Angabe des Herrn Amtsrichters hatte er deswegen Verdacht geschöpft, weil beide Eltern nach dem Genuß von Chocolade, die Fanny Schrön selbst gekocht haben sollte, gestorben seien und keine Dienstperson im Schrön'schen Hause war. In Markranstädt ist nach dem Tode der Schrön'schen Eheleute viel gesprochen worden; so hat ein Gerücht behauptet, nach der Rückkehr von der Reise nach Taucha habe zwischen Tochter und Mutter ein heftiger Auftritt stattgefunden. Dem Herren Amtsrichter ist davon nichts bekannt, dagegen hat er gehört, daß der Vater gar nicht gewußt hätte, daß Fanny in Taucha gewesen ist. Es ist dem Zeugen auch bekannt, daß der Bürgermeister Schrön öfter die Redensart gebrauchte: ›Wenn das nicht durchgeht, esse ich ein Pfund Gift!‹ Zwischen Eltern und Kind hat, soweit dem Herrn Amtsrichter bekannt ist, stets ein friedliches Verhältniß bestanden.

Der Gendarm Panze war beauftragt worden, die Düngerstätte und die Aschengrube nach dem Gefäß mit dem Giftzeichen zu durchsuchen. Er hat diesen Auftrag auch ausgeführt, aber das Gefäß nicht gefunden. Auch das Feld, auf welchem im November die Asche abgeladen worden war, wurde durchsucht und umgegraben, ohne daß die Büchse oder das Glas gefunden wurde. Beim Ausräumen der Aschengrube in dem von Schrön bewohnten Hause fand sich ein Eimer, den Frau Laurisch als denjenigen bezeichnete, welchen Schrön benutzt hatte. An den Wänden des Eimers befanden sich noch Theile des Erbrochenen, der Eimer wurde sorgfältig eingepackt und der königl. Staatsanwaltschaft übergeben.

Frau Schmidt, die Hauswirthin Schrön's, giebt an, die Familie des Bürgermeisters Schrön hätte ganz zufrieden gelebt. Man hätte in ihrer Wohnung hören können, wenn unten Zank oder Streit gewesen wäre, sie hätte niemals etwas bemerkt. Frau Schrön habe immer über den Magen geklagt, sie hatte in der Tasche immer Chocolade, welche sie gegen Magendrücken aß. Am Sonnabend früh theilte Fanny Schrön der Zeugin mit, daß ihre Mutter an Erbrechen erkrankt sei. Nachmittags war es so schlimm geworden, daß man das Erbrechen von draußen hörte. Dann wurde der Arzt geholt. Als Frau Schrön gestorben war, soll die Angeklagte zu manchen Zeiten sehr betrübt, zu anderen Zeiten ruhiger gewesen sein. Die Schrön hatte der Zeugin mitgetheilt, daß sie verlobt sei, nach dem Tode der Mutter hat sie ihr gesagt, sie würde dem Vater fortwirthschaften. Die Zeugin bekundet weiter, daß Fanny Schrön ihr erzählt habe, sie hätte von einem Verwandten ein Porzellanservice erhalten.

Am Tage, an dem der Bürgermeister erkrankt ist, hatte Fanny Schrön der Zeugin einen Besuch zugesagt, dann aber davon absehen wollen, weil Frau Schmidt Besuch hatte. Frau Schmidt ist dann heruntergegangen, um Fanny zu holen. Auf ihr Klingeln sei Jemand an die Thür gekommen, habe aber nicht aufgemacht, sondern sei wieder zurückgegangen. Frau Schmidt habe dann nochmals geklingelt und es habe ihr nun der Herr Bürgermeister aufgemacht. Er habe gemeint: Sie wollen zu meiner Tochter, und ihr dann mitgetheilt, daß sie ausgegangen sei, um Oel zu holen, er würde seine Tochter aber hinaufschicken. Nach einer Viertelstunde sei dann auch Fanny zu ihr gekommen. Sie habe sich bei ihr bis gegen ¾ 9 Uhr aufgehalten. Sie hätten während dieser Zeit einmal in der Wohnung Schrön's den Hund bellen hören, es sei dann aber wieder ruhig geworden. Später, gegen ¾ 9, wurden aber schreiähnliche Töne vernehmbar, als ob unten Jemand von heftigem Erbrechen befallen sei. Frau Schmidt ist dann mit Fanny Schrön herunter in die Schrön'sche Wohnung gegangen und sie haben dort gesehen, daß der Bürgermeister sich heftig erbrach. Er gab ihnen an, es sei ihm übel geworden. Fanny Schrön habe sofort verlangt, daß ein Arzt geholt werde, ihr Vater habe ihr aber zugerufen: ›Du bist wohl verrückt!‹ Die Angeklagte habe aber darauf bestanden, und der Ehemann der Schmidt sei gegangen, den Arzt zu holen. Als Dr. Müller kam, war das vom Bürgermeister Schrön Erbrochene noch im Waschbecken. Ueber den Grund des Erbrechens habe Schrön angegeben, er hätte Chocolade getrunken und Pfefferkuchen gegessen, das hätte sich nicht vertragen. Frau Schmidt ist bis elf Uhr Abends in der Wohnung der Schröns geblieben. Am anderen Morgen hat ihr Fanny mitgetheilt, daß ihr Vater sich in der Nacht wieder gebrochen habe. Die Angeklagte habe ihr auch gesagt, daß sie Süßigkeiten nicht liebe und habe kurz vorher einem ihrer Kinder eine Tafel Chocolade geschenkt. Frau Schmidt hat die Chocolade gekocht und mit ihren Kindern getrunken, ohne daß es ihr geschadet hätte.

Während der Krankheit des Vaters der Schrön sei am Sonnabend Frau Laurisch zur Zeugin Schmidt gekommen und habe sie gebeten herunter zu kommen, da sie gern nach Hause gehen wollte und Fanny dann allein wäre. Die Zeugin ist auch in die offen stehende Wohnung der Schrön's gegangen, hätte aber Niemanden gesehen. Sie habe dann ihrem Mann und die Zeugin Heinrich geholt, und dann hätten sie Fanny in der Küche starren Auges auf dem Boden liegen sehen. Zuerst habe die Schrön gar nicht geantwortet, dann habe sie phantasirt. Es sei dann zum Dr. Müller geschickt worden und dieser hätte angeordnet, daß sie sich ins Bett legen sollte. Er habe ihr auch etwas eingegeben und eine Einspritzung vorgenommen. Während der Nacht seien die Phantasien wieder gekommen, fast den ganzen nächsten Tag habe sie dann geschlafen.

Am Tage nach dem Tode ihres Vaters hat die Schrön zur Zeugin Schmidt gemeint, sie könne nicht weinen, sie wäre ganz alle, wenn sie nur weinen könnte, dann würde ihr auch leichter werden. Sie hat auch die Schmidt gefragt, was denn nun mit ihr werden solle, sie stehe ja ganz allein, die Schmidt hat ihr entgegengehalten, sie habe ja noch eine Schwester, sie könne doch zu dieser ziehen, worauf die Schrön gesagt hat: Jawohl, das könnte ich thun. Weiter hat die Angeklagte der Zeugin mitgetheilt, daß ihr Bräutigam nicht hätte zum Begräbniß der Mutter kommen können, da er die Hand gebrochen habe.

Auch der Hausbesitzer Schmidt, in dessen Hause Schrön wohnte, bekundete, daß in der Schrön'schen Familie kein Streit vorgekommen sei, daß sie sich gut vertragen haben. Weiter bestätigt Herr Schmidt, daß Fanny Schrön darauf gedrungen habe, daß er zum Arzt gehe, der Vater aber habe gesagt: Schmidt, gehen Sie nicht! Darauf hat dann die Angeklagte erwidert: Papa, du kannst machen, was du willst, ich schicke doch zum Doctor. Schmidt hat dann abends den Bürgermeister mit gepflegt, auch ihm gegenüber hat der Bürgermeister keinerlei Aeußerung darüber gethan, woran er erkrankt sei.

Am 24. December früh wurde Schmidt gegen 3 Uhr geweckt, um Arznei zu holen, die Dr. Heyne verschrieben hatte. Gegen ½ 5 Uhr meinte der Vater der Angeklagten: ›Fanny, ich muß scheiden.‹ Darauf begann Fanny Schrön fürchterlich zu weinen und schrie: ›Was soll aus mir werden!‹, worauf der Bürgermeister antwortete: ›Fanny, für dich ist gesorgt.‹ Den Anfall von Bewußtseinsstörung schildert Schmidt in derselben Weise, wie seine eben vernommene Frau.

Vom Herrn Stadtrath Ronniger wird der Bürgermeister Schrön als ein zwar hitziger, aber sehr umgänglicher Charakter bezeichnet, der leicht vergaß, wenn man etwas mit ihm gehabt hat. Die Familie lebte sehr gut zusammen, mit der Tochter waren sie sie geradezu ein Herz und eine Seele, und der Bürgermeister habe ihm oft gesagt: ›Meine Fanny ist sehr gut.‹ Er habe ihm auch mitgetheilt, daß er sich hoch versichert habe und wollte ihn auch veranlassen, sich ebenfalls zu versichern. Er habe ferner davon gesprochen, daß er 18.000 Mk besitze, da der Bürgermeister aber nicht soviel versteuert habe, hätte er der Sache keinen Glauben geschenkt. Schrön habe ihm selbst mitgetheilt, daß seine

Tochter verlobt sei und gesagt, daß im November die Hochzeit sein solle. Nach dem Tode der Frau ist davon nicht mehr gesprochen worden. Schrön hat, wie der Zeuge angiebt, scherzweise die Redensart im Munde geführt: ›Da freß ich zehn Pfund Gift!‹ um irgendeine Sache zu bekräftigen.

Der Sparcassenrendant Herr Herold kann, nach dem, was ihm der Bürgermeister mitgetheilt hat, die Familienverhältnisse desselben nur als sehr herzlich bezeichnen. Schrön selbst war, wie er angiebt, als Vorgesetzter stets liebenswürdig und freundlich, etwas sehr lebhaft, rasch in seinen Beschlüssen und deren Ausführung. Von Character war er lebenslustig und heiter, nach dem Tode seiner Frau war er eine Zeit lang trübe gestimmt, bald aber kehrte die alte Lebenslust und Heiterkeit wieder. Als Fanny Schrön ihm während der Krankheit des Bürgermeisters die Schlüssel zur Sparcasse brachte, hat sie ihm ausdrücklich gesagt, daß die Krankheit gerade so sei wie bei der Mutter. Durch den ihm bekannten Bürgermeister von Taucha hat Herr Herold erfahren, daß Fanny sich drei Tage dort aufgehalten, und er habe von dem Bürgermeister den Auftrag erhalten, Fanny's Vater möglichst schonend davon in Kenntniß zu setzen. Am Tage vor der Erkrankung der Frau Schrön ist Herr Herold mit Schrön spazieren gegangen und hat da gesprächsweise erfahren, daß Schrön völlig ununterrichtet über die Reise seiner Tochter nach Taucha gewesen sei. Herold ist an jenem Tage nicht dazu gekommen, die Aufklärung zu geben, später hat ihn die Krankheit und der Tod der Frau Schrön davon abgehalten.

Der Rentier Herr Ronniger hat öfter Fanny Schrön am Arme des Schauspielers Korb spazieren gehen sehen.

Der Stadtwachtmeister Wilhelm bekundet, er habe sowohl die mit Arsenik präparirte Schürze, wie auch das freie Arsenik geholt, letzteres war in ein Papier eingewickelt; später habe ihm aber der Apotheker Mendel gesagt, in das Papier sei ein Gefäß eingeschlagen gewesen. Als er am Freitag zum

Bürgermeister gekommen sei, habe dieser gesagt: ›Heute komme ich nicht, aber morgen.‹ Am Sonnabend habe dann der Bürgermeister zu ihm gesagt: ›Es ist noch nicht besser geworden, aber am Montag komme ich ganz gewiß.‹ Hierauf habe Fanny zu ihm gesagt: ›Der Papa will schon am Montag wiederkommen, das dauert aber noch acht Tage.‹ Als der Zeuge am Montag wieder zu Schrön kam, war Fanny unwohl, der Bürgermeister aber sagte selbst zu ihm: ›Sie sollten den Gram wissen, den ich ausstehe.‹ Der Zeuge giebt weiter an: ›Nachdem der Kranke das Vater Unser gebetet hatte, meinte er: Ich muß sterben.‹ Darauf habe Fanny ihren Vater beim Kopf genommen und gemeint: ›Papa, Du hast etwas gesagt‹, worauf Schrön entgegnete: ›Nein, ich habe nichts gesagt.‹

Der Bürgermeister hat auch während seiner Krankheit eine dahingehende Aeußerung gethan, daß er in Markranstädt begraben werden solle. Fanny aber hat zu Wilhelm gesagt: ›Der Papa spricht vom Sterben. Wenn es sein sollte, wird er in Bautzen begraben, wo er sich ein Erbbegräbnis gekauft hat.‹ Am Montag, als die Angeklagte krank auf dem Sopha lag, hat sie Wilhelm auch gefragt: ›Was meinen Sie, ob mein Vater wieder wird?‹ Der Bürgermeister hatte auch den Wunsch ausgesprochen, eine barmherzige Schwester um sich zu sehen, Fanny war anfangs dagegen, gab es dann aber zu, und Wilhelm sandte eine Depesche ab.

Dr. Heyne hatte zu Wilhelm gesagt, er solle doch nachforschen, ob noch Chocolade da wäre. Er habe deswegen Fanny gefragt, und diese habe ihm gesagt, es sei keine mehr da, während später sich welche gefunden habe. Am Todestage ihres Vaters hat die Schrön, so behauptet Wilhelm, ihm gesagt: ›Mein Vater soll an Chocolade gestorben sein, ich glaube es nicht, ich habe selbst vier Tassen davon getrunken.‹ Die Schrön giebt die Aeußerung zu, verlegt aber den Zeitpunct, an welchem sie gefallen sein soll, auf den Tag nach dem Tode ihres Vaters, nachdem sie schon vom Staatsanwalt vernommen worden war. Als die Herren die Section der Leiche des Bürgermeisters beendet hatten, meinte einer derselben zu einem Diener, daß ja Alles mitgenommen werde und nichts liegen bleibe. Die Schrön mochte, so sagt Wilhelm weiter aus, etwas davon gehört haben, denn sie fragte ihn: ›Was sagt der Herr?‹

Herr Cantor Held characterisirt Schrön als lebenslustigen Menschen, der nach dem Tode seiner Frau betrübt, aber nicht lebensüberdrüssig gewesen sei. Gesprächsweise hat sich Schrön dahin ausgesprochen, er möchte auch noch zehn Jahre leben. Schrön sei mittheilsam gewesen, er habe ihm aber nichts über das Verhältniß seiner Tochter zum Schauspieler Korb mitgetheilt, Schrön habe jedenfalls selbst nichts davon gewußt.

Zu Herrn Hessel sagte Schrön, seine Tochter Fanny sei ihm ans Herz gewachsen. Als im Februar 1889 Hessel's Tochter heirathete, meinte Schrön, er werde auch bald ein solches freudiges Familienereigniß feiern. Schrön hatte die Gewohnheit, eine Behauptung dadurch zu bekräftigen, daß er sagte: ›Wenn das nicht wahr ist, nehme ich ein Pfund Gift drauf!‹

Fräulein Held, die Freundin Fanny Schrön's, deponirt, daß diese jederzeit mit Liebe von ihren Eltern gesprochen hat. Sie habe ihr auch erzählt, ihr Bräutigam sei Prokurist in einem Speditionsgeschäft in Dresden. Ferner habe sie davon gesprochen, daß sie auf der Rückreise vom Begräbniß ihrer Mutter in Dresden sich die Möbel zu ihrer Ausstattung gekauft habe. Ihr Bräutigam hätte zum Begräbniß nicht kommen können, da er die Hand gebrochen habe. Am Sonntage habe ihr Vater die Zeugin zu Schrön's geschickt, um sich nach dem Befinden des Bürgermeisters zu erkundigen. Frl. Held traf Fanny unwohl und auf dem Sopha liegend an, sie theilte ihr (der Zeugin) mit, daß es dem Vater besser ginge, fing aber dabei zu weinen an. Kurz vor der Krankheit ihres Vaters zeigte die Schrön ihrer Freundin einen Teppich, der angeblich für ihren Bräutigam bestimmt war. Bei dieser Gelegenheit fügte sie hinzu, daß sie zu Weihnachten nach Bautzen reisen würde, es sei aber noch unbestimmt. Auf Befragen giebt die Zeugin an, sie könne sich nicht mehr besinnen, ob die Schrön an jenem Sonntag zu ihr gesagt habe: Ihr Vater habe etwas im Halse.

Auch Fräulein Ronniger kann bestätigen, daß die Familie Schrön sehr gut zusammen lebte, da zwischen den einzelnen Mitgliedern derselben ein liebevolles Verhälniß herrschte. Fanny war etwas erregt, es war dies aber nicht auffällig. Sie war durchaus nicht bösartig oder rachsüchtig, sondern gutmüthig. Von ihrem Bräutigam hat die Schrön auch Fräulein Ronniger mitgetheilt, die Hochzeit sei aber verschoben worden, weil der Schwager erkrankt sei. Zur Beerdigung habe der Bräutigam nicht kommen können, da er zu jener Zeit selbst krank war. Als die Schrön der Zeugin mittheilte, daß ihre Mutter krank sei, war sie sehr betrübt, und es that ihr sehr leid, daß sie nicht helfen konnte.

Der Zeuge Barth ist von Schmidt geholt worden, als Fanny Schrön erkrankt war. Die Schrön wollte damals ihren Vater sehen. Der Zeuge und Frau Laurisch haben sie dann hingeführt, sie hat aber nicht mit ihrem Vater gesprochen. Barth hat auch seiner Zeit Mausefallen bei Schrön aufgestellt, als Köder wurde in Oel geröstetes Brod verwendet, kein Gift.

Der Zeuge Heinrich schildert den Anfall von Bewußtseinsstörung, den die Schrön hatte, in gleicherweise wie die Schmidt'schen Eheleute.

Der Kammerjäger Frohwein hat am 19. December 1888 die Wohnung der Schrön's untersucht, aber keine Mäuse, noch Spuren von solchen gefunden. Er hat geglaubt, es kämen hier Heimchen in Frage und mit Insectenpulver desinficirt.

Der Kammerjäger Hedel war am 24. August 1888 bei Schrön thätig. Er konnte Mäuse nicht entdecken und nahm an, daß Schaben oder Heimchen die Wäschestücke zerstörten. Er suchte das Ungeziefer mit giftfreiem Insectenpulver zu vertreiben.

Gegen Herrn Walther äußerte sich der Bürgermeister Schrön am Tage vor seiner Erkrankung, ohne irgendwelche Anregung, daß es bloß Galgenhumor sei, wenn er so lustig wäre. Am 19. December bei der Christbescherung war der Bürgermeister sehr niedergeschlagen. Auch Herrn Walther ist die Redensart, nach welcher Schrön ein Pfund Gift essen wollte, wenn dies oder jenes nicht wahr sei, bekannt.

Frau Zitzmann weiß ebenfalls, daß ein sehr gutes und freundliches Verhältniß zwischen Eltern und Tochter bestand und daß Fanny mit großer Liebe von ihren Eltern sprach. Kurz nachdem Schrön's von Apolda nach Markranstädt übergesiedelt sind, hat Frau Schrön der Frau Zitzmann Mittheilung von der Verlobung Fanny's gemacht. Es ist auch mehrmals von der Hochzeit gesprochen worden, dieselbe wurde mehrmals angesagt, aber immer wieder verschoben. Frau Schrön hat der Zeugin mitgetheilt, daß die Ausstattung ihrer Tochter bald fertig sei.

Frau Kozlik, bei welcher Schauspieler Korb gewohnt hat, hat beobachtet, daß die Schrön auf Korb gewartet hat und dann mit ihm nach Hause gegangen ist. Sie hat auch, nachdem Korb sie verlassen, demselben Kußhändchen nachgeworfen, so lange sie ihn gesehen hat.

Auf Anfrage des Herrn Vertheidigers bestätigen sowohl Frl. Ronniger wie Frl. Ileld, daß Fanny Schrön zu ihnen gesagt habe, daß sie Süßigkeiten nicht liebe.

Der Herr Staatsanwalt richtet an Frau Laurisch die Frage, ob sie ihre frühere Aussage aufrecht erhalte, daß im Sommer des Jahres 1888 in Gegenwart der Frau Schrön Fanny ihr erzählt habe, daß Nachts um 12 Uhr ihr Bräutigam ein Bouquet geschickt habe.

Auf Veranlassung des Herrn Vorsitzenden bestätigt dann die Angeklagte, daß sie auch von dem Wurstfett gegessen habe, von welchem am Abend der Erkrankung ihr Vater genossen hatte. Die Schrön fügt hinzu, daß ihr Vater an jenem Abend auch Wurst gegessen habe. Er habe besondere Vorliebe für hausschlachtene Wurst aus Apolda gehabt und sich diese von dort in geräuchertem Zustande hat kommen lassen. Die Wurst sei dann in einen Topf gethan worden und zu ihrer besseren Conservirung habe der Vater Viehsalz dazu gethan. Das Salz sei im Laufe der Zeit naß geworden, sie habe aber auch von derselben gegessen, ohne Beschwerden zu bekommen. Das Wurstfett sei an demselben Tag oder am Tag vorher durch Frau Schmidt vom Fleischer geholt worden.

Der Amtsvorgänger des verstorbenen Bürgermeisters Schrön, Herr Bürgermeister Hertel, schildert Schrön als lebenslustig. Eine Stunde vor der Erkrankung Schrön's sei er mit diesem zusammen gewesen, und Schrön habe sich mit den Worten, er werde auch einmal zu Hause bleiben, von ihm verabschiedet. Herr Hertel wollte ihn während der Krankheit besuchen, unterließ es aber, als er hörte, daß die Aerzte Niemanden zuließen.

Frl. Hutschenreuter ist mit Fanny Schrön und dem Schauspieler Korb in einem Coupé von Markranstädt nach Leipzig gefahren, die Schrön hat sich mit Korb angelegentlich unterhalten und hat auch an sie mehrfach das Wort gerichtet. Ob sie von ihrem Bräutigam in Dresden gesprochen hat, dessen kann sich die Zeugin nicht mehr erinnern. Vom Bahnhof sind die Schrön und Korb zusammen weggegangen.

Herr Liebers kann von der Schrön'schen Familie nur sagen, daß die Leute sehr gut und einig waren. Am 19. December kam Fanny Schrön in das Geschäft Lieber's, um Löffel aus Composition zu kaufen. Liebers ist dann gegangen. Am anderen Morgen kam die Schrön wieder, und da erzählte sie, daß ihr Vater erkrankt sei, sie weinte heftig und sagte, es sieht so ähnlich aus wie bei der Mutter.

Einen Tag vor ihrer Erkrankung kam Frau Schrön, wie die Zeugin Liebers berichtet, in das Liebers'sche Geschäft. Sie sprach vom kommenden Weihnachtsfest und wollte Puppen für ihre Enkel einkaufen. Sie war damals nicht krank. Schrön's haben, nach Angabe der Zeugin, in der größten Einigkeit gelebt. Beim Tode ihrer Mutter hat Fanny Schrön sehr geweint. Am Tage der Erkrankung des Vaters sei sie mehrere Male im Geschäft gewesen, erst habe sie Zucker, dann Messer, Gabeln und Löffel gekauft. Die Schrön habe ihr (der Zeugin) auch mitgetheilt, daß ihre Mutter ihr gesagt hätte: ›Jetzt hast Du die Ausstattung, nun kriegst du die Wirthschaftseinrichtung.‹ Nach dem Tode der Mutter hat die Schrön gesagt, sie reise über Dresden und werde von da ihren Bräutigam mitnehmen.

Beim Kaufmann Pönitzsch hat Fanny Schrön vor dem Tode und etwa 14 Tage nach demselben Stollwerck'sche Chocolade gekauft. Pönitzsch hat von derselben Chocolade viel verkauft, sie hat Niemandem geschadet.

Der Kaufmann Beyer bestätigt ebenfalls, daß die Schrön beim Tode der Mutter sehr betrübt war, kurz vor der Erkrankung ihres Vaters sei sie zu ihm gekommen, sehr einfach gekleidet und anscheinend in großer Eile. Beyer mußte eine Kiste mit Spielwaaren einpacken, die Kiste zumachen und nach Zschocher bei Leipzig signiren. Die Schrön giebt an, daß die Spielsachen auf Wunsch ihres Vaters an die Kinder der Familie geschickt werden sollten, die früher mit Schrön's in einem Hause gewohnt hatte. Durch die Krankheit des Vaters sei dies aber unterlassen worden und die Schrön hat später einen Theil der Spielsachen einem Kinde Schmidt's geschenkt.

Herr Günther ist mit Schrön zur Christbescherung zusammengetroffen, Schrön war nicht besonders niedergeschlagen und hat dann unten in der Gaststube noch ein Glas Bier getrunken. Er hat nicht über Unwohlsein geklagt.

Schrön ist dann auch noch in die Restauration des Herrn Ebert gegangen. Dieser giebt an, daß Schrön, als ein Gast sich Glühwein bestellt habe, gerufen hätte: ›Lassen Sie mir auch Glühwein machen, mir ist's auch nicht recht.‹ Schrön hat dann auch noch ein Glas Lagerbier getrunken.

Herr Rathscopist Linke hat am Tage der Erkrankung der Frau Schrön von dieser den Hausschlüssel für den Bürgermeister geholt und hat dabei den Eindruck gewonnen, daß Frau Schrön ganz gesund gewesen sei. Nach dem Tode seiner Frau hätte der Bürgermeister stark gehustet und dagegen Bonbons genommen. Er hat niemals bei Schrön ein Büchschen oder Glas mit einem Giftzeichen gesehen.

Herr Sparcassenbuchhalter Nebel bekundet, daß auf ein auf Fanny Schrön lautendes Buch von Bürgermeister 150 Mk am 5.December eingezahlt sind. Auf das Buch der Frau Bürgermeisterin hat Schrön im November 500 Mk abgehoben, er wollte diese Summe ersetzen, wenn das Versicherungsgeld ausgezahlt würde. Als Sparcassendirector bezog Schrön ein Monatsgehalt von 125 Mk, dieses wurde jeden Ersten ausgezahlt und ist auch am 1. December ausgezahlt worden. Diese Summe hat Schrön nicht in seinem Einnahme- und Ausgabebuch eingeschrieben.

Als Schmidt am Todestage Schrön's auf Arbeit mußte, holte er zur Pflege des Bürgermeisters Herrn Brauer herbei. Der Bürgermeister frug, wer er sei und beruhigte sich, als Brauer seinen Namen nannte. Er klagte über Durst und wollte Eis haben. Brauer holte dies vom Fleischer. Dann fing der Bürgermeister zu phantasiren an. Er glaubte, er befände sich in der Gemeindeversammlung, und er bedankte sich dort für die liebevolle Antheilnahme, die ihm beim Begräbniß seiner Frau zu Theil geworden sei und sagte dann, daß auch er scheiden müsse. Beim Tode des Vaters hat, wie Herr Brauer bezeugt, die Tochter sehr geweint, er habe ihr zugeredet, daß sie sich fassen solle.

Dem Fleischer Kunze ist aufgefallen, daß Fanny Schrön nach der Rückkehr vom Begräbnisse in Bautzen sehr ruhig gewesen sei und gemeint habe: ›Mein Gott, es ist nun einmal nicht zu ändern, da ist's am Besten, wenn man wieder in seiner Ordnung ist.‹

Herr Pastor Beyer bestätigte ebenfalls, daß Schrön sehr

lebhaften Temperaments gewesen sei und rühmte die Lauterkeit seines Characters. Den Bemühungen Schrön's sei es zu danken gewesen, daß ein besseres Verhältniß zwischen Gemeinderath und dem Stadtoberhaupt Platz gegriffen habe. Diesem Gedanken habe er auch am Sarge Schrön's Ausdruck gegeben. Er sei in die Wohnung Schrön's gegangen, um der nun vater- und mutterlosen Fanny Schrön zu condoliren, habe dieselbe aber ruhiger, als erwartet, gefunden. Die Fassung, welche sie zur Schau trug, erschien ihm unerklärlich und erst bei seiner Ansprache, die einen tiefen Eindruck auf alle machte, zeigte sie sich gerührt.

Herr Restaurator Koch berichtet über einen Vorfall, der sich eines Sonntags vor dem Tode der Frau Schrön zugetragen habe. Es sei da Fanny Schrön in sein Restaurant gekommen und habe in maliziösem Ton ihren Vater, der dort anwesend war, aufgefordert, nach Hause zu kommen.

Die Abhörung des Schuhmachermeisters Golde förderte etwas Wesentliches nicht zu Tage.

Herr Wackenroder ist seiner Zeit Gehilfe des Apothekers Mendel gewesen, ihm ist der Auftrag geworden, die Schürze mit Arsenik zu präpariren. Er hat nach Augenmaß 15 – 20 g kohlensaures Kali und Arsenik in einem Blechgefäß in wenig Wasser gekocht, dann Stärke oder Mehl hinzugethan und diese Masse auf die Schürze aufgetragen. Dieselbe ist dann ausgewrungen und getrocknet worden. Herr Wackenroder hat die getrocknete Schürze in starkes Papier gepackt und das Papier mit dem Giftsiegel geschlossen. Er hat auch später für Schrön die freie arsenige Säure, ungefähr 30 – 40 g, in einer grauen oder braunen Porzellankruke zurechtgemacht. Die Kruke ist dann in starkes Papier eingeschlagen und von ihm oder doch mindestens in seiner Gegenwart an Wilhelm übergeben worden. Auf Anordnung des Herrn Untersuchungsrichters hat Wackenroder eine zweite Schürze in der gleichen Weise präparirt. Der Herr Sachverständige Prof. Dr. Hoffmann hält es nun für wesentlich, festzustellen, ob bei dem Kochen des kohlensauren Kalis und der arsenigen Säure letztere vollständig gebunden und in lösliches arseniksaures Kali übergeführt wurde, da dann die Schürze in Bezug auf die Ermordung der Frau Schrön auszuscheiden sei, in deren Magenflüssigkeit ja freie arsenige Säure in Krystallform gefunden wurde. Herr Wackenroder hat aber, wie erwähnt, die Quantitäten nur nach dem Augenmaß genommen, beim Kochen des Arseniks und des kohlensauren Kalis auch nicht darauf geachtet, ob die Lösung vollständig klar sei (welch letzterer Umstand ein sicheres Zeichen dafür ist, daß keine freie arsenige Säure sich in der Lösung befindet), und es ist somit dieser Punct nicht völlig klarzustellen.

Der Herr Vorsitzende theilt dann mit, daß eine Versicherung über 3.000 Mk für den Ueberlebenden des Schrön'schen Ehepaares vorhanden ist, die durch den Tod der Frau Schrön fällig wurde. Mit derselben Summe ist außerdem das Leben des Bürgermeisters Schrön versichert gewesen.

Weiter bringt der Herr Vorsitzende die Aussagen von drei commissarisch vernommenen Zeugen zur Verlesung, und zwar des Destillateurs Gelen in Emmerich, zuletzt in Köln, und der Schauspielerin Weber in Hamm in Westfalen, die wegen zu großer Entfernung, und die des Rentiers Linke aus Apolda, jetzt im Lazaruskrankenhaus zu Berlin, der wegen Krankheit vom persönlichen Erscheinen entbunden wurde.

Nach Verlesung eines Artikels über ›Arsenesser‹ und ›Arsenvergiftung‹ wurde die Verhandlung auf Freitagvormittag 9 Uhr vertagt.«

Über die freitägliche Verhandlung wurde am 29. November 1890 berichtet: »Mordproceß Schrön: Am heutigen dritten Verhandlungstage, dem auch Ihre königl. Hoheiten die Prinzen Johann Georg und Max wieder anwohnten, wurde die Zeugenvernehmung fortgesetzt. Herr Refendendar Tritzschler aus Markranstädt ist mit der Durchsuchung der Schrön'schen Wohnung beauftragt worden und hat am 10.

Januar Haussuchung gehalten. Vor allen Dingen war sein Augenmerk darauf gerichtet, das Gefäß (Thonkruke oder Fläschchen) mit dem Giftzeichen zu entdecken. Es wurde dasselbe aber trotz gründlicher Durchsuchung nicht gefunden. Außer dem Rattengift und dem Giftweizen wurde Gift nicht entdeckt. Einige Gegenstände wurden beschlagnahmt. Darunter auch Briefe, von denen einer von Schauspieler Korb herrührte. Sonst wurde Verdächtiges nicht gefunden.

Herr Pharmaceut Wöllmer war früher in der Markranstädter Apotheke als Gehilfe thätig. Am Abend des 19. December kam Schrön gegen 7 Uhr in die Apotheke und kaufte übermangansaures Kali und Sodener Pastillen. Gift hat Schrön vom Zeugen weder verlangt, noch erhalten.

Herr Gastwirth Sperling aus Taucha giebt an, daß die Angeklagte vom 4. bis zum 6. November bei ihm gewohnt habe. Als sie ankam, habe sie sich ihm vorgestellt, aber nicht den Zweck ihres Kommens angegeben. Die Schrön habe während ihres Aufenthalts in Taucha viel geweint. Erst habe sie ein Zimmer nach dem Friedhof gehabt, dann eins nach der Hauptstraße. Die Leute hatten gesehen, daß die Schrön am offenen Fenster am dritten Tage viel geweint habe, und er habe ihr daher gesagt, daß sie nun scheiden müsse, da sie den Zweck ihres Aufenthalts nicht angegeben habe.

Ehe die Schrön zu Sperling ging, war sie bei Frau Müller in Taucha gewesen und hatte diese gefragt, ob sie Wohnung bekommen könne. Frau Müller hat ihr aber mitgetheilt, daß sie kein Zimmer frei habe, die Schauspieler wohnen bei ihr. Die Schrön ist dann abends im Theater gewesen.

Hierauf wird zur Abhörung des Schauspielers Herrn Korb verschritten. Ueber die Anknüpfung der Bekanntschaft giebt Korb an: Die Schrön sei häufig in Markranstädt im Theater gewesen; meist in Begleitung ihrer Mutter. Als sie einmal allein gekommen war, regnete es nach Schluß des Theaters heftig, und da die Schrön ohne Schirm war, habe er sich einen solchen geborgt und die Schrön nach Hause begleitet.

Ein zweites Mal sei er mit der Schrön zusammengetroffen, als sie ins Theater zurück kam, weil sie ihr Portemonnaie verloren hatte. Er habe ihr suchen helfen, das Portemonnaie habe sich aber nicht gefunden. Noch einmal sei er dann mit der Schrön im Stadtpark zusammengetroffen.

Als Korb nach Taucha fahren wollte, traf er, wie er behauptet, Fanny Schrön zufällig auf dem Bahnhof und fuhr mit ihr in einem Coupé nach Leipzig. Er sei dann mit ihr nach dem Panorama gegangen, wo sie eine Tasse Kaffee trank, während er sich einen Schnitt Bier geben ließ. Sie habe ihn dann nach dem Eilenburger Bahnhof begleitet. Nach der Rückkehr aus Taucha sei er mit Fanny Schrön wieder zusammengetroffen und sei dann nach Wermsdorf gefahren. Zur Schrön habe er gesagt, er hätte in Grimma oder Wurzen zu thun. Die Schrön habe dann in Leipzig übernachtet und am nächsten Tag sei er wieder mit ihr in Leipzig zusammengetroffen. Er sei dann allein nach Markranstädt gefahren, da die Schrön in Leipzig zu thun hatte.

Als sie nach Taucha gekommen war, habe sie dort zwei Vorstellungen besucht. Der Zeuge will sie zuerst am Fenster des Gasthofes gesehen haben, nach der Vorstellung habe er sie nach Hause begleitet. Die Schrön habe ihm mitgetheilt, sie sei mit ihrem Vater, der in Taucha zu thun gehabt habe, er sei schon abgereist und habe ihr erlaubt, daß sie noch hier bleibe. Am zweiten Tage wollte sie eine Depesche erhalten haben, in welcher ihr erlaubt wurde, noch einen Tag in Taucha zu bleiben. Die Schrön sei am Nachmittag außer sich gewesen, als er ihr mitgetheilt habe, er müsse nach Thekla. Auf die Frage des Präsidenten, ob die Schrön zu ihm gesagt habe, daß sie immer bei ihm bleiben möchte, erklärt der Zeuge, davon nichts zu wissen. Er habe dann am Nachmittag seine Schwester zu der Schrön geschickt, damit diese nicht so allein sei, und auch die Schwester aufgefordert, die Schrön nach dem Bahnhof zu begleiten. Auf Befragen des Herrn Präsidenten erklärt Korb, daß er außer den zwei beschlagnahmten Briefen von der Schrön nur noch einen erhalten habe, den er aber nicht mehr besitze. Zwischen ihm und der Schrön sei nie von einer Heirath die Rede gewesen. Die Angeklagte habe sich auch nicht dahin ausgesprochen, daß sie ihm zu Liebe zur Bühne gehen wollte. Dagegen habe sie ihm einmal gesagt, sie möchte das Talent des Fräulein Weber haben. Daß sie Vermögen besitze, habe sie ihm nicht mitgetheilt.

Auf den Vorhalt des Herrn Vorsitzenden, daß das Verhältniß doch aber ein warmes gewesen sein, da die Schrön in ihren Briefen ihn mit Du anrede, erwiderte Korb, daß es in seinem Stande häufig vorkomme, daß die Damen ihm in dieser Weise entgegenkämen.

Es gelangen dann die beiden Briefe der Fanny Schrön an Korb, datirt vom 7. November und 18. November, zur Verlesung, ebenso ein Brief Korb's an die Schrön vom 29. October unter der Chiffre A. B. 40. Im ersten Brief ist erwähnt, daß die Schrön nach Halle zu gehen beabsichtige. Die Angeklagte erklärt, daß sie früher auf den Wunsch ihres Vaters sich einer Operation in Halle unterziehen sollte, daß sie sich jedoch geweigert habe. Hierbei, wie in einem weiteren Passus des Briefes, sie (die Schrön) möchte das Talent des Fräulein Weber besitzen, will sie sich nichts beim Schreiben gedacht haben. In dem zweiten Brief, der mit Eilboten bestellt wurde, war Korb aufgefordert worden, sie zu besuchen; er ist aber nicht nach Markranstädt gekommen. In diesem Briefe heißt es: ›Meine arme Mutter wußte von meiner Liebe, mein guter Papa aber nicht‹. Zu diesem Puncte giebt die Schrön an, auch ihre Mutter habe nichts von dem Verhältniß zu Korb gewußt, sie habe es blos geschrieben, damit sie sich Korbs Discretion versichern könne, ehe er nach Markranstädt käme.

Die Mutter des vorhergehenden Zeugen, Frau Korb, bestätigte, daß die Schrön öfter mit ihrer Mutter und auch allein im Theater gewesen sei, sie hätten Freibillets gehabt. In

Markranstädt hätte sie nichts von dem Verhältniß ihres Sohnes zur Schrön gewußt, dasselbe hätte sie erst in Taucha erfahren. Sie habe, als ihr Sohn Briefe von der Schrön erhielt, denselben veranlaßt, zu antworten, später habe sie ihm gerathen, nicht mehr zu schreiben. So oft sie Mutter und Tochter gesehen habe, hätte sie stes gefunden, daß sie lieb und gut zueinander gewesen seien. Es wird nun der Zeugin vorgehalten, daß sie sich in Trebsen geäußert habe: ›Man bringt uns schon in Verbindung mit dem Markranstädter Bürgermeister.‹ Sie erklärt das damit, daß der Wirth in Trebsen sie trotz strömenden Regens nicht über Nacht behalten wollte und sie daher noch eine Viertelstunde weiter gehen mußten. Da habe sie dann aus Aerger gemeint: ›Ich könnte den Mann gleich vergiften‹, habe dann aber gleich hinzugesetzt: ›Ich darf das nicht einmal sagen, denn man bringt uns so schon in Verbindung mit dem Markranstädter Bürgermeister.‹

Die Schauspielerin Frl. Korb hat ebenfalls von einem Verhältniß ihres Bruders zur Schrön in Markranstädt nichts gewußt und von demselben erst in Taucha Kenntniß erhalten. Am Nachmittag des 6. November hat Korb die Zeugin gebeten, hinüber zur Schrön ins Gasthaus *Zur Münze* zu gehen, und sie habe das auch gethan. Ihr Bruder habe gesagt, er wolle die Schrön zur Bahn begleiten, sie ist aber mit der Zeugin nach dem Bahnhof gegangen. Später habe die Schrön an sie geschrieben und gebeten, nach Leipzig zu kommen, sie würde sie (die Korb) vom Bahnhofe abholen. In dem Briefe stand auch, daß sie sich in Halle das Bein strecken lassen wolle. Ein Grund, weshalb die Zeugin kommen solle, sei nicht angegeben gewesen, sie sei auch nicht nach Leipzig gereist. Ueber das Verhältniß ihres Bruders zur Schrön habe sie nie mit diesem gesprochen.

Auch der Schauspieler Herr Leonhardt hat in Markranstädt nichts von einem Verkehr Korb's mit der Schrön erfahren. Am ersten Tag ihres Aufenthalts in Taucha hat er die Schrön getroffen, und diese hat ihm mitgetheilt, sie sei mit ihrem Vater beim Bürgermeister von Taucha zu Besuch. Von einem Verhältniß der Schrön zu Korb hat Leonhardt überhaupt nichts gewußt.

Der Schwager der Angeklagten, Herr Kaufmann Preißer aus Bautzen, macht als naher Verwandter von dem Rechte der Zeugnißverweigerung Gebrauch. Als die leibliche Schwester der Schrön, Frau verehel. Preißer, ebenfalls erklärt, nichts aussagen zu wollen, bricht die Angeklagte in Weinen aus, faßt sich aber bald wieder.

Herr Kaufmann Hasche aus Bautzen, dessen Frau die leibliche Schwester der verstorbenen Frau Schrön ist, erklärt, daß in der Familie Schrön's stets das beste Einvernehmen geherrscht hat. Als der Bürgermeister erkrankt war, ist er durch ein Telegramm nach Markranstädt gerufen worden. Der Bürgermeister erkannte ihn sofort, sprach sich aber über die Ursache seiner Krankheit nicht aus, er klagte über große Schmerzen und meinte, er müsse sterben. Die Tochter war unwohl und lag auf dem Sopha, kam aber auch ans Sterbelager und hat da sehr geklagt, so daß sie der Zeuge beruhigen mußte. Auch bei der Ueberführung der Leiche hat sie öfter zu weinen und zu klagen angefangen, ist aber dann wieder ruhig geworden.

Daß Chocolade die Ursache der Krankheit des Bürgermeisters gewesen sei, das ist den Zeugen bekannt gewesen, daß aber Fanny Schrön gesagt habe, sie und andere Leute hätten auch davon getrunken, davon hat Herr Hasche nichts gehört. Ebenso kann sich der Zeuge nicht daran erinnern, daß seine Nichte zum Stadtrath Ronniger, als dieser seinen Condolenzbesuch machte, gesagt habe, sie würde aufs Rathhaus kommen, um das Geld zu holen. Richtig sei, daß Stadtrath Ronniger geschickt habe, jedenfalls nach den Schlüsseln; daß seine Nichte zur Abholung des Geldes dabei aufgefordert worden sein könnte, sei möglich. Gegen die Section habe sich seine Nichte Fanny ausgesprochen, sie habe gemeint, es sei Menschenquälerei. Auf der Reise von

Markranstädt nach Bautzen sei ihm nichts Besonderes an seiner Nichte aufgefallen.

Der Zeuge könne es sich nicht vorstellen, daß der Bürgermeister Schrön durch Selbstmord geendet sei, da habe er sein Leben viel zu sehr lieb gehabt. Auf der Hochzeit seiner Tochter sei sein Vater sehr lustig gewesen, seine Nichte sei mit ihrem Bräutigam auch eingeladen worden, habe aber abgelehnt. Am Grabe ihrer Schwester habe Frau Schrön den Wunsch ausgesprochen, in Bautzen begraben zu werden.

Fräulein Hasche, die Cousine der Angeklagten, bestätigt, daß Schrön's sich gegenseitig sehr lieb gehabt haben. Bei Fanny habe sie niemals bemerkt, daß sie Süßigkeiten gegessen habe. Ueber den Tod der Mutter war sie sehr betrübt. Zum Begräbniß kamen ein paar Fächerpalmen an mit Karten von Georg und Paul Baumann, der Erstere sei der Bräutigam Fanny's gewesen, wie diese ihr mitgetheilt hatte. Schrön's hätten bei den Eltern der Zeugin übernachtet, sie habe mit ihrer Cousine geschlafen. Beim Entkleiden habe Fanny aus der Tasche wahrscheinlich des Unterrockes, eine größere Geldsumme hervorgebracht, von der sie behauptet habe, es sei ihr Erspartes. Es waren 400 Mk in Banknoten und über 100 Mk in Gold. Nach dem Tode ihres Vaters hat Fanny Schrön ihr erzählt, sie habe von ihrem Bräutigam ein Porzellanservice bekommen. Frl. Hasche schildert ihre Cousine als guthmütig und leicht versöhnlich und erwähnt, daß sie sich bisweilen etwas auffällig benahm.

Frau Mehring hat die Schrön am zweiten Weihnachtsfeiertage, als die Leiche ihres Vaters nach Bautzen überführt wurde, ruhig und gefaßt gefunden.

Herr Stadtcassirer Höra aus Markranstädt bekundet, daß der Bürgermeister Schrön ein Gesammteinkommen von 2.637 Mk 50 Pf gehabt habe. Am 1. November habe er sein Gehalt für den Dcember erhalten. Außerdem sind ihm am 28. November 1889 50 Mk Gratification als Vorsitzendem des Bauauschusses und am 17. December die Gebühren für das Standesamt ausgezahlt worden. Die beiden letzteren Verträge sind in seinem Einnahme- und Ausgabebuch nicht eingetragen.

Herr Pörschmann von hier hat die Angeklagte im Hochsommer 1889 in Leipzig getroffen, wo sie ihm gegenüber von Ungeziefer, daß in der Wohnung ihrer Eltern sei, gesprochen habe.

Der Briefträger Herr Karl aus Markranstädt hat Kenntniß davon, daß Briefe, welche an Georg Baumann adressirt waren, als unbestellbar zurückgekommen sind, ein solcher unbestellbarer Brief ist an den Bürgermeister, ein anderer an die Bürgermeisterin abgegeben worden. Während Herr Karl mit Frau Schrön sprach, kam Fanny Schrön. Es schien dem Zeugen, als ob die Mutter ärgerlich darüber wurde, daß die Adresse nicht richtig angegeben gewesen war. Später sind auch zwei Kisten mit Porzellan gekommen; als er dieselben der Angeklagten überbracht, sei diese erfreut gewesen. Einmal sei in der Nacht auch eine Kiste per Eilboten gekommen, die ein anderer Briefträger zu Schröns brachte. Der Bürgermeister nahm die Kiste selbst ab, dieselbe enthielt ein Bouquet. (Es ist dies das Bouquet, welches vom Bräutigam stammen sollte, von der Schrön aber selbst bestellt und bezahlt war.)

Herr Apotheker Dr. Poppe aus Apolda bezeugt, daß Schrön während seines dortigen Aufenthalts kein Gift aus der Apotheke bezogen habe.

Herr Dr. med. Knorr aus Apolda hat Schrön behandelt, als er an Schwindelanfällen litt. Schrön hat auch an einem hartnäckigen Halskatarrh gelitten, und Dr. med. Knorr hat ihm deswegen den Besuch eines Seebades angerathen. Am anderen Tag mußte Dr. med. Knorr bei einem Krankenbesuch, den er Schrön machen wollte, erfahren, daß dieser nach Ems abgereist sei. Schrön's Character war eben, nach Angabe des Zeugen, unberechenbar. Schrön war nicht treu und ehrlich in seiner Gesinnung. In den Familienverhältnissen des Bürgermeisters hat Dr. med. Knorr nie eine Disharmonie gefunden, zu seiner Tochter Fanny war Schrön außerordentlich lieb. Der Zeuge ist fest überzeugt, daß, wenn Schrön den ärztlichen Rath erhalten hat, zur Hebung eines mit dem Alter sich einstellenden Leidens Arsenik zu essen, dies auch gethan hat; er hält ihn aber für so vernünftig, daß er gewußt habe, daß größere Mengen Arsenik ihm schaden könnten.

Herr Dr. med. Müller aus Apolda bestätigte, daß die Familienverhältnisse Schrön's friedliche und gute gewesen sind, er glaubt nicht, daß Schrön Arsenikesser war.

Herr Schuldirector Wolf aus Apolda bezeichnet das Verhältniß der Schrön'schen Familienmitglieder zueinander als das beste. Schrön sei gutmüthig, lebenslustig und leicht erregt gewesen und habe Neigung zu Quaksalbereien gezeigt. Er war schnell in seinen Entschlüssen, heute sagte er Ja und morgen Nein. Wenn Schrön von irgendeiner Seite, die ihm vertrauenswürdig erschien, dies oder jenes Heilmittel angerathen worden wäre, so hätte es Schrön, nach der festen Ueberzeugung des Herrn Wolf, nicht nur selbst genommen, sondern auch an anderen Personen, die ihm nahestehen, versucht. Einen Selbstmord Schrön's halte er für ausgeschlossen.

Fanny Schrön hat nach Angabe des Herrn Directors eine große Gewalt über ihre Eltern besessen, sie konnte durch Schmeicheleien und freundliches Benehmen bei ihnen alles erreichen, die Eltern konnten ihr nichts abschlagen. Sie hat bei denselben niemals ernsten Widerstand gefunden. Bei der Ausdauer, mit welcher sie ihre Lieblingswünsche zu verfolgen pflegte, würde sie sicher auch die Einwilligung zur Heirath erhalten haben. Schrön ist nach der Meinung des Zeugen überhaupt nicht vermögend gewesen, das bißchen, was er sich gespart hatte, wird er auf seine alten Tage für sich und seine heißgeliebte Frau sowie seine Tochter zurückgelegt haben.

Fanny Schrön war seiner Zeit keine gute Schülerin, sie nahm es mit der Wahrheit nicht genau, hatte kein großes Pflichtgefühl, war sehr wild und der Tonangeber bei allen wilden Streichen. Sie hat das Andenken eines Wildfangs und einer mitunter faulen und verlogenen Schülerin zurückgelassen. Dagegen zeigte sie aber auch eine Anhänglichkeit, die man bei schlechten Schülerinnen nicht findet. Sie war ein verzogenes, aber kein schlechtes Kind. Vielleicht ist sie aber nachher schlechter geworden. Während der Schulzeit konnte von einem kalten und schlechten Herzen nicht die Rede sein.

Die Herren Tölkei, Burkhardt und Läser aus Apolda, ferner Frau Rector Kronfeld, Fräulein Lieske, Frau Hornbogen und Frau Stamann bestätigen, daß Schrön sehr heiter und lebenslustig gewesen sei, sehr schnell und wechselnd in seinen Entschlüssen und ein guter Gesellschafter war. Seine Familie habe in größter Einigkeit gelebt. Fanny sei sehr liebevoll zu ihren Eltern gewesen, hat aber, wie insbesondere Frau Hornbogen aussagte, gern ein bißchen geflunkert und ist verliebter Natur gewesen. Auch Frau Stamann bestätigt, daß Fanny Schrön gern für jemand schwärmte und daß sie öfters einmal log.

Herr Kaufmann Berger – Dresden, ist mit Schrön befreundet gewesen, dieser hat ihn auch im September, gelegentlich eines geschäftlichen Aufenthalts besucht. Schrön sei heiter und lebenslustig gewesen und habe in dem besten Einvernehmen mit seiner Familie gelebt.

Herr Kaufmann Baumann hat nie ein Verhältniß mit der Angeklagten gehabt. Er habe mit Schrön und dessen Tochter in Apolda gesellschaftlich verkehrt und habe Schrön bei einem Aufenthalte in Markranstädt in dessen Amtsstube besucht, und Schrön habe ihn dann mit nach seiner Wohnung genommen. Dort habe er sich einige Zeit aufgehalten, dann hätten ihn Schrön und seine Tochter nach dem Bahnhof gebracht. Der ganze Aufenthalt in Markranstädt habe nicht über drei Stunden gedauert.

Als Beweismittel wurden dann mehrere Schriftstücke zur Verlesung gebracht. In einem derselben vom 20. November sagt der Bürgermeister Schrön: Nach meinem Tode haben meine lieben Kinder 3.000 Mk von der Lübecker Lebensversicherung und 75 und 108 Mk Begräbnißgeld von den Beamtencassen in Chemnitz zu erhalten. Unter den beschlagnahmten Papieren hat sich auch der Entwurf eines Briefes an Baumann gefunden, der von der Schwester der Fanny Schrön herrührt und der Mittheilung vom Tod der Frau Schrön enthalten soll. Die Angeklagte bemerkt hierzu, daß ihr Vater gewünscht hätte, daß es Baumann geschrieben würde; sie hätte es aber nicht gewollt und infolge dessen habe ihre Schwester den Entwurf gefertigt. Ob der Brief abgeschickt wurde, wisse sie nicht. Auf Verlesung des Briefes wurde verzichtet. Unter den übrigen verlesenen Schriftstücken befinden sich auch die Schreiben, mittelst derer Fanny Schrön die Palmenzweige und Bouquets, welche sie als angeblich von ihrem Bräutigam resp. dessen Bruder herrührend bezeichnete, selbst bestellt hat.

Herr Wöllmer, früher Gehilfe in der Apotheke des Herrn Wendel in Markranstädt, hatte sich zur Erstattung einer weiteren Aussage gemeldet. Er wurde vernommen und gab an, daß 3 – 4 Tage vor der Krankheit Schrön's Fanny Schrön in die Apotheke gekommen sei und Gift verlangt habe, um die Mäuse zu vergiften. Er hätte ihr darauf Giftweizen gegeben. Einen Giftschein habe die Schrön nicht vorgezeigt, er habe ihr aber das Gift gegeben, weil er gewußt habe, daß der Bürgermeister Schrön auf einen Giftschein Giftweizen erhalten würde. In das Giftbuch sei die Verabreichung des Giftweizens nicht eingetragen worden. Er habe von dem Verkaufe des Giftes sowohl der Frau Mendel, welche im Nebenzimmer war, Mittheilung gemacht, als auch Herrn Mendel.

Die Angeklagte bestreitet ganz entschieden, an jenem Abende Gift geholt zu haben; sie sei allerdings in der Apotheke gewesen, habe aber nur Glyzerin für ihre aufgesprungenen Hände und noch eine Kleinigkeit, wahrscheinlich kohlensaures Natron, geholt, Gift aber auf keinen Fall.

Herr Mendel kann sich nicht mit Bestimmtheit erinnern, ob Herr Wöllmer ihm Mittheilung von dem Verkauf des Giftes gemacht habe; wenn es dieser aber behaupte, werde es schon sein. Auf Befragen des Herrn Vorsitzenden, warum Herr Wöllmer denn nie über dieses Vorkommnis Mittheilung während der Voruntersuchung gemacht habe, giebt dieser an, er sei nie darüber befragt worden; heute habe er geglaubt, auch diese Thatsache mit angeben zu müssen.

Im Antrag des Herrn Staatsanwalts wird auch Frau Mendel, welche sich im Zuschauerraum befunden hat, zeugeneidlich vernommen. Dieselbe giebt an, sie habe kurz vor der Erkrankung des Bürgermeisters Schrön gesehen, wie die Angeklagte in die Apotheke gekommen ist und etwas gekauft habe. Was es gewesen, hätte sie nicht sehen können, aber Wöllmer hätte es ihr gleich darauf gesagt. Ob es Gift gewesen sei, könne sie nicht mit voller Bestimmtheit behaupten, sie glaube aber bestimmt, daß Herr Wöllmer gesagt habe, die Schrön habe Gift gekauft.

Die Angeklagte hält dem Zeugen Wöllmer entgegen, daß er gar nicht habe wissen können, ob ihr Vater schon einmal Giftkörner gekauft habe, und daß sie ferner zu jener Zeit gar keine Mäuse im Haus gehabt hätten. Letzteres wird Frau Schmidt bestätigen.

Der Vorsitzende richtet nunmehr an Frau Schmidt die Frage, ob sie gesehen habe, daß die Kanne, in welcher die Chocolade sich befunden hatte, sowie eine Tasse noch im Zimmer des Bürgermeisters auf dem Tisch standen, als sie herunterkam, weil sie den Bürgermeister sich erbrechen hörte. Frau Schmidt kann hierüber keine Auskunft geben, da sie nicht in das Zimmer gekommen ist. Die Schrön behauptet aber bestimmt, sie habe, ehe sie zu Schmidt's hinaufging, das Abendbrod abgeräumt und dem Vater die Chocolade hingestellt. Tasse und Kanne hätten dort gestanden.

Der Vertreter der Bremer Lebensversicherungsgesellschaft Herr Hütter hat an dem Bürgermeister Schrön auf Grund der Ueberlebensversicherung nach dem Tode der Frau Schrön 2.958 Mk 50 Pf in einem Tausend-, zwei Fünfhundert-, mehreren Hundertmarkscheinen, Gold und Silber ausgezahlt.

Frl. Kretzschmar, Verkäuferin der hiesigen Filiale der königl. Meißner Porzellanmanufactur, bezeugt, daß im December Fanny Schrön gekommen sei und ein paar Vasen gekauft habe, dann habe sie sich ein Kaffeeservice zusammenstellen lassen und dasselbe auch gekauft, angeblich für ihre Schwester. Das Service ist verpackt und an Fanny Schrön geschickt worden.

Die Schwestern Fräulein Ebert saßen Ende August oder Anfang September 1888 im Café Felsche an demselben Tisch mit Fanny Schrön, die sich sehr lebhaft mit einem jungen Mann (dem Zeugen Herrn Pörschmann) unterhielt über Ungeziefer, von der die Wohnung ihrer Eltern heimgesucht sei. Sie soll auch bei den angegebenen Mitteln gegen dasselbe, behauptet haben, es sei mit Arsenik bestrichener Käse benutzt worden, was jedoch von der Angeklagten energisch bestritten wird.

Herr Landesgerichtsrath Burkhard, welcher die Voruntersuchung geführt hat, schildert, mit welch außerordentlicher Gründlichkeit er die Schrön'sche Wohnung durchsucht hat, ohne indessen das Giftbüchschen oder Fläschchen zu finden. Auch ihm gegenüber hat die Schrön die Schwindelei bezüglich des angeblichen Bräutigams fortgesetzt. Von der Schwester der Angeklagten (Frau Preißer in Bautzen) erfuhr aber der Herr Untersuchungsrichter, daß anfangs die Mutter ihr erzählt hatte, Baumann wünsche nur eine einfache Verlobung, er würde ein Verlobungsbouquet schicken, dann selbst kommen und anhalten und kurz darnach solle die Hochzeit sein. Gelegentlich der Hochzeit ihrer Cousine Hasche, am 13 September, aber habe dann die Mutter ihr gesagt, nun sei das Verlobungsbouquet gekommen (die Schrön hatte sich am 30. August selbst eins geschickt), der Bräutigam aber nicht, nun wisse sie nicht, wie sie dran seien. Ferner habe sie ihm mitgetheilt, daß ihre Eltern das Verhältniß oder gar die Heirath zwischen ihrer Schwester und Korb nicht geduldet hätten.

Herr Landgerichtsrath Burkhardt hat dann auch in Dresden Nachforschungen angestellt und gefunden, daß die Verlobungsgeschichte erlogen sei. In Leipzig habe er dann sich von der Schrön die ganze Verlobungsgeschichte nochmals erzählen lassen und dann ihr vorgehalten, daß dies doch alles Schwindel sei. Sie habe ihm im Tone der Entrüstung entgegnet: ›Aber, Herr Landgerichtsrath, fragen Sie doch meine Schwester!‹ Als er ihr dann die Ergebnisse seiner Untersuchung mitgetheilt habe, hätte sie anfangs gemeint: ›Aber, Herr Landgerichtsrath, helfen Sie mir doch, ich habe das Giftfläschchen wirklich nicht gesehen!‹ Dann aber auf die wiederholte Frage: ›Ist denn bei der Verlobung alles Lüge mit ›Ja‹ geantwortet.‹

Herr Amtsgerichtsrath Wetzlich hat bei der Section der Leiche der Frau Schrön die Angeklagte zur Feststellung der Identität der Leiche vorführen lassen. Die Schrön sei vor der auf dem Secirtisch liegenden Leiche in die Kniee gesunken und habe mit dem Ausdruck tiefsten Schmerzes geschrieen: ›Mutter, Mutter!‹, so daß die Verwandten sie auffordern mußten, sich zu mäßigen. Auffälligerweise war in den Gesichtszügen nichts von einem Ausdruck des Schmerzes zu merken.

Der Schwager der Angeklagten, Herr Preißer, hat Herrn Amtsgerichtsrath Wetzlich gefragt, als dieser ihm eröffnete, er werde seine Schwägerin wegen Verdachts des Mordes verhaften müssen, ob es nicht so gewesen sein könne, daß die Schwiegereltern Arsenik gegessen hätten, sie seien eitel gewesen und hätten gern jung und blühend aussehen wollen. Es sei ihm dies in Markranstädt mitgetheilt worden.

Herr Prof. Dr. Seydel aus Jena giebt an, im Jahr 1882 seien Frau Schrön und ihre Tochter nach Jena gekommen, um ihn zu consultiren. Die Tochter habe über Nervosität, Schlaf- und Appetitlosigkeit geklagt. Die Mutter habe ihm dann mitgetheilt, daß in frühester Jugend, als das Kind 17 Wochen alt war, dasselbe schwere Krämpfe zu bestehen hatte, daß infolge einer Lähmung sich der linke Fuß krumm zog und in der Entwicklung zurückblieb und daß auch eine vorgenommene Sehnendurchschneidung nicht eine Verkürzung des linken Beines beheben konnte. Sie sei immer schwächlich und kränklich gewesen. Er habe ihr etwas verschrieben und sechs Wochen später sei sie wiedergekommen und habe ihm mitgetheilt, daß die Schlaflosigkeit fortbestünde, daß sie aber besser äße und sich auch kräftiger fühle. Die weit fortgeschrittene Nervosität der Angeklagten läßt sich sehr gut in Zusammenhang bringen mit der Neigung der Schrön zu schwindelhaften Angaben über ihre Person und ihre Verhältnisse. (Hierauf wird die Verhandlung auf Sonnabend früh 9 Uhr vertagt.)«

Über den Fortgang im Mordproceß Schrön ist zu lesen: »Am heutigen Tage wurde die Verhandlung gegen Frieda Fanny Schrön zu Ende geführt. Auch heute waren Ihre königl. Hoheiten Prinzen Johann Georg und Max in der Verhandlung erschienen und wohnten derselben bis zum Schlusse bei.

Zunächst wurde Frau Laurisch nochmals vernommen und befragt, ob sie das Schächtelchen mit dem Giftweizen schon vor dem Tode der Frau Schrön in der Stube auf dem Schranke habe stehen sehen. Sie bejaht das und fügt auf weiteres Befragen hinzu, daß die Giftschürze im Waschhause gewaschen und das Wasser weggeschüttet wurde, ob die Schürze gebrochen war, weiß sie nicht.

Herr Wackenroder bekundet, daß der Giftweizen in gleichartigen Schachteln im Giftschrank vorräthig gehalten wird.

Herr Geh. Medicinalrath Dr. Hofmann giebt Folgendes an. Er habe mit dem Untersuchungsrichter vier bis fünf Tage lang die Schrön'sche Wohnung auf das Eingehendste untersucht und jedes einzelne Object auf den Gehalt von Arsenik nach der Gutzeit'schen Methode geprüft, die schon das Vorhandensein von 1/1.000 Milligramm Arsenik erkennen läßt.«

Arsennachweis nach Gutzeit: »Heinrich Wilhelm Gutzeit (1845–1888) fand eine eigene Nachweismethode für Arsen. Sie ähnelt dem von James Marsh (1794–1846) entwickelten Arsennachweis. Beide Methoden benutzen Arsenwasserstoff, um Arsen aus den Proben auszutreiben. Aus Zink und Schwefelsäure entsteht Zink(II)-Sulfat und naszierender Wasserstoff, welcher mit vorhandenen Arsenionen Arsenwasserstoff bildet. Der Arsenwasserstoff reagiert mit Silbernitrat zu Silberarsennitrat, welches durch Berührung mit Wasser u. a. zu Silber reduziert wird.«

Der Medizinalrat Dr. Hofmann erklärt weiter: »Cacao, Brodbröseln, Inhalt von Töpfen, Speisereste, Kleider, Kleidertascheninhalt, alles wurde geprüft und etwas Verdächtiges nicht gefunden. In einem Brodkorb, in welchem Messer und Gabeln lagen, fanden sich kleine grüne Splitterchen, die Arsenik enthielten, aber nur 5 – 8 Hundertstel Milligramm. Die Splitterchen stammten von einem grün angestrichenen Drahtkörbchen her. Arsen fand sich aber auch im Staub der Zimmer. Das ist aber leicht zu erklären, denn bei der Aussuchung nach dem Giftfläschchen oder Giftbüchschen ist auch die Asche der Zimmeröfen durchsucht und ein Theil derselben im Zimmer zerstreut worden. In der Steinkohlenasche finden sich aber gewöhnlich Spuren von Arsenik.

Der Staub, welcher auf den Kleidern der Angeklagten lag, auch diejenigen, welche sie mit nach Bautzen nahm, wurden genau geprüft, aber kein Arsen nachgewiesen. Es lag der

Verdacht vor, daß sie sich des Giftfläschchens auf der Reise nach Bautzen entledigt hätte, die Taschen der Angeklagten wurden auf das Genaueste untersucht und kein Arsen gefunden. Ebenso wenig fand sich solches im Schlafrock Schrön's und in einer grünen Decke mit Flecken von Mehlsuppe. Der Herr Sachverständige erklärt hierauf, daß die Möglichkeit, es könne in beiden Fällen eine zufällige Vergiftung vorliegen, nicht völlig ausgeschlossen sei.

Als die noch feuchte Giftschürze, welche auf Anordnung des Untersuchungsrichters angefertigt worden war, in die Hände des Geh. Medicinalraths gelangte, waren 200 Milligramm abgeblättert. In der für Schrön gefertigten Giftschürze wurden 15, 20, vielleicht 25 Gramm gebraucht. Mit der Schürze konnte eine genügende Menge Arsenik in die Wohnung gebracht werden, die eine Vergiftung bedingt. Es ist ja auch unbekannt, wo man die Schürze, als sie nicht mehr aufgehängt wurde, hingebracht hatte. Sehr gut möglich ist es, daß sie in die schmutzige Wäsche kam und von der Wäsche können wieder einige Stücke in die Zimmer gebracht sein. In die Wohnung ist aber auch weiße, körnige arsenige Säure gebracht worden, nach Mendel 25 bis 30, nach Wackenroder 40 bis 50 Gramm. Im Giftbuch ist nicht einmal angegeben, wieviel Gramm ausgehändigt wurden.

Die Giftbüchse soll von gelber, auch weißer Farbe gewesen sein, es kann aber auch ein Glas gewesen sein. Nach Gläsern wurde aber in erster Linie nicht gesucht. Der Giftkopf ist ein außerordentlich vergängliches Object, er ist nur durch Gummi befestigt und springt schon durch Austrocknen bisweilen los. Den Apothekern ist es verboten, Arsenik in weiße Farbe zu geben, dasselbe muß stets schwarz gefärbt werden. Stattdessen erhielt aber die Schrön weißen Arsenik. Wenn der Todtenkopf verloren geht und ist es eine gewöhnliche Büchse oder Glas mit weißem Inhalt, dann geräth es ins Vergessen, bis ein unglücklicher Zufall es ans Tageslicht bringt.

In der Giftschürze waren 20 – 25, in der Giftkruke 30 – 50 g arsenige Säure, zusammen also 60 – 70 g, 1 dg arsenige Säure bildet die untere Grenze, bei der ein erwachsener Mensch getödtet wird, wenn er das Gift nicht sofort wieder ausbricht. Mit der Menge Arsenik, welche im Schrön'schen Hause war, hätten 700 Menschen getödtet werden können.

Der Zufall läßt sich nicht mit Logik erklären, es ist die Möglichkeit vorhanden, daß die Frau erkrankt, der Mann erkrankt, die Tochter aber nicht. Wenn eine so große Dosis Gift im Hause ist, ist es nicht auszuschließen, daß ein zufälliger Unglücksfall vorliegt. Wer sagt denn, daß die Chocolade vergiftet worden ist? Die Bürgermeisterin knaupelte gern, in ihren Taschen fanden sich Reste von Cacao, Süßigkeiten, Rosinen, Nüssen u.s.w., sie glaubte, diese Sachen thäten ihrem Magen gut.

Der Vorsitzende weist darauf hin, daß beide Eheleute nach dem Genuß von Chocolade nach gleicher Zeit, etwa ¾ bis 1¼ Stunde unter den gleichen Umständen erkrankt sind.

Hierauf erwidert der Herr Sachverständige, es ist möglich, die Chocolade kann es sein, es ist aber auch möglich, daß es ein anderes gewesen ist. Schrön hat Tage vor seiner Erkrankung eine Reihe sonderbar gemischter Nahrungsmittel zu sich genommen. Der Sectionsbefund der Leiche Schrön's spricht nicht mit absoluter Gewißheit dafür, daß eine akute Arsenikvergiftung vorliege, es kann auch ein akuter Magen- und Darmkatarrh die Todesursache sein. Die größte Wahrscheinlichkeit spricht allerdings für eine Arsenikvergiftung. Darauf deuten schon die Krankheitssymptome hin, vor allem das plötzliche Auftreten des heftigen Erbrechens. Es ist also der Magen das erste Organ, welches reagirt. Schrön bricht so laut, daß man es oben hört. Der Patient klagt über Durst, er sagt: ›Ich verbrenne.‹ Am Sonnabend und Sonntag treten dann Athemnoth und die Beängstigungen hinzu, die auf Arsenvergiftung hindeuten. Es kommt ferner hinzu, daß im Körper Schrön's Arsenik vorgefunden wurde, allerdings nur in geringen Mengen. Es ist aber dabei zu berücksichtigen, daß einTheil durch Erbrechen herausbefördert wurde, ein anderer Theil durch die Entleerungen. Das Gift verschwindet aus dem Körper nach 2 Tagen, auch erst nach 10 – 20 Tagen.

Gegen die Annahme der Möglichkeit des Arsenikessens spricht der Charakter Schrön's als Sanguinikers, er würde es auch gesagt haben, als sich die ersten Krankheitserscheinungen zeigten. Dem Temperament Schrön's entsprechend, hätte er sich auch durch das Arsenikessen Magenbeschwerden zugezogen, da er in der Einhaltung der Dosen nicht so scrupulös gewesen wäre.

Der Tod der Frau Schrön ist zweifellos und sicher durch Arsenik erfolgt. In der Leiche fanden sich noch 1,227 g Arsen, eine Menge, die hingereicht hätte, zwölf Menschen zu tödten. Aber auch diese Menge spricht nicht gegen die Möglichkeit eines Unglücksfalls, 1,27 g Arsenik können sehr wohl in eine Tasse gegeben werden.

Es ist nicht völlig ausgeschlossen, daß in der Giftschürze noch freie arsenige Säure gewesen ist. Das kohlensaure Kali bildet mit der arsenigen Säure nur bei andauerndem Kochen eine leichtlösliche Verbindung, wir wissen aber nicht, wieviel von jeder Substanz von Wackenroder genommen worden ist. Er hat uns nicht einmal sagen können, ob er Stärkemehl oder Weizenmehl genommen hat, um den Giftkleister herzustellen. Weizenmehl klebt besser und würde der Schürze eine mehr bräunliche Farbe gegeben haben. Stärkemehl ist von weißerer Farbe, hat aber geringere Bindekraft und würde leichter abbröckeln.

Frau Schrön hatte einen sogenannten Flaschenhals-Magen. Bei ihr würgte es, es kam aber nicht viel heraus, denn bei einem solchen Magen tritt Erbrechen nur schwer ein. Es ist denn bei ihr auch ein flottes Erbrechen nicht wahrzunehmen gewesen. Ob sie erheblich oder wenig gebrochen, läßt sich nicht feststellen.

Das Bild der Erkrankung Schrön's läßt auch die Möglichkeit zu, daß er an einem durch Wurstgift hervorgerufenen Magen- und Darmkatarrh gestorben ist. Die Wurst, die er gegessen, hat im Sommer in einer trockenen Salzschicht gelegen, erst später ist durch aufgenommenes Wasser eine Salzlake entstanden. Bei schlecht geräucherter Wurst ist hier die Möglichkeit der Entstehung von Wurstgift nicht ausgeschlossen. Nach der Ueberzeugung des Sachverständigen ist aber die größte Wahrscheinlichkeit für eine Arsenikvergiftung vorhanden. Daß die Schrön auch von der Wurst gegessen hat, ohne zu erkranken, ist nicht ausgeschlossen, bei der Wurstvergiftung kommt eben die Quantität der genossenen Wurst und die Beschaffenheit des Mageninhalts in Betracht.

Die Menge der von der Schürze abgeblätterten Theile geben die Möglichkeit, daß bei Schrön eine Vergiftung damit bewerkstelligt worden ist. Daß die Mäuse das aufgestellte Gift verschleppt haben, ist zweifellos ausgeschlossen.

Auf Befragen des Herrn Vertheidigers constatirt der Herr Sachverständige, daß die Menge des Arseniks auf dem Giftzettel angegeben sein muß und daß der Apotheker verpflichtet ist, nur schwarzgefärbtes Arsenik zu verkaufen. Herr Mendel habe aber weißes körniges Arsenik verkauft, ungefähr 30 g, daß nicht gewogen worden sei, weil die arsenige Säure so billig ist. Weiter bestätigt der Herr Sachverständige, daß die Arsenikvergiftung eine sehr schmerzhafte und grausame sei, weil die Patienten gewöhnlich bis zum Schluß das Bewußtsein behalten. Richtiger wäre es von dem einen Arzt gewesen, sofort bei dem Bürgermeister Schrön, als die Vermuthung einer Arsenvergiftung auftauchte, dafür zu sorgen, daß Magen und Darm entleert und das Erbrochene und Entleerte auf Arsenik geprüft wurde, es würde dann sofort festgestellt worden sein, ob eine Arsenikvergiftung vorliege oder nicht.

Es ist medicinisch nicht zu bezweifeln, daß der Anfall der Schrön während der Krankheit ihres Vaters ein Ausdruck der Erschöpfung war. Sie bekam vom Arzte zwanzig Tropfen Morphium und dann im Erschöpfungsstadium noch eine Morphiuminjection. Infolge dessen hat sie am folgenden Tag fast immer geschlafen und ist auch am nächsten Tag noch im Morphiumdusel gewesen. Hieraus ist auch die geringe Theilnahme zu erklären, welche die Angeklagte an dem Schicksale ihres Vaters zu dieser Zeit an den Tag gelegt hat.

Der Gerichtsassistenzarzt Dr. Thümmler bestätigt, daß die Schrön sehr nervös sei und wiederholt wegen Magenleiden von ihm behandelt wurde. Sie litt häufig an Erbrechen. Ihre Entleerungen seien nicht auf Arsenik untersucht worden, es habe hierfür kein Grund vorgelegen, da jedenfalls das etwa vorhandene Arsen bereits vorher aus dem Körper ausgeschieden worden sei. Die Möglichkeit sei allerdings nicht ausgeschlossen, daß bei sofortiger Untersuchung man auch bei der Schrön Arsen hätte feststellen können. Sein Gutachten, daß der Sectionsbefund weder für noch gegen eine acute Arsenvergiftung spräche, hält Herr Dr. Thümmler aufrecht.

Herr Hofrath Dr. Berger bekundet noch, daß ihm die Gleichgiltigkeit der Schrön aufgefallen sei, wenn vom Tod ihrer Eltern gesprochen wurde.

Damit ist die Beweisaufnahme geschlossen. Nach kurzer Pause erhält das Wort der Herr Staatsanwalt Dr. Nagel zur Begründung der Anklage. Er führt ungefähr Folgendes aus. Nach viertägiger Beweisaufnahme werde das Ergebniß derselben den Herren Geschworenen zur Prüfung vorgelegt. Es sei eine schwere Anklage erhoben worden, die Tochter stehe unter der Anklage, das Leben derer vernichtet zu haben, denen sie es verdanke. Es sei hierfür keine richtige psychologische Erklärung vorhanden, allein vor Gericht sei nicht mit Gefühlen zu rechnen, hier habe der kalt wägende Verstand zu entscheiden.

Das Ergebniß der Beweisaufnahme habe das Bild der Voruntersuchung verschoben, auf der einen Seite habe das

Beweismaterial vermindert, auf der anderen Seite verstärkt. Einige Zeugen haben etwas verändert ausgesagt, es habe daher das maßgebende Gutachten des Haupt-Sachverständigen gleichfalls abgeändert werden müssen. Nach dem Gutachten des Herrn Sachverständigen in der Voruntersuchung stand unzweifelhaft fest, daß der Tod der Frau Schrön am 10. November durch eine acute Arsenikvergiftung erfolgt sei und daß das Gift ungefähr eine Stunde vor der ersten Krankheitserscheinung, also in der zehnten Abendstunde, genommen sein mußte. Es stand nach den Ergebnissen der Voruntersuchung aber gleichfalls fest, daß in jener Abendstunde Frau Schrön nichts anderes als gewärmte Chocolade und etwas Brod genossen hatte, weil sie ein gewisses Hungergefühl verspürte. Die Einführung des Giftes mußte also zu einer Zeit erfolgt sein, in welcher sie die Chocolade und das Brod verzehrt hatte.

Es stand aber ebenfalls nach dem sachverständigen Gutachten unzweifelhaft fest, daß der Tod des Bürgermeisters Schrön durch acute Arsenikvergiftung erfolgt ist und das Arsenik Schrön am 19. December beigebracht sein muß. Die Einführung des Giftes fällt mit dem Genuß von Chocolade und Pfefferkuchen zusammen, nachdem Schrön vorher zu Abend gegessen hatte. Es stand aber auch fest, daß die Giftschürze nicht eine Ursache für den Tod der Frau Schrön gegeben haben konnte, wahrscheinlich auch nicht für ihren Mann. Drei Möglichkeiten waren vorhanden: Selbstmord – Unglücksfall (Einführung des Giftes durch Zufall) – und Mord. Der Selbstmord der Frau Schrön ist bei deren religiös angelegtem Charakter vollständig ausgeschlossen. Schrön ist zwar in letzter Zeit etwas trübe gestimmt gewesen, jedoch nicht in dem Maße, daß die Stimmung zum Selbstmord führen mußte. Er hatte noch große Pläne, und wenn er am Tage seiner Erkrankung ernst und gedrückt war, so erklärt sich dies aus dem Besuch der Christbescheerung, die einen tiefen Eindruck auf ihn gemacht hatte. Schrön ist aber auch nach der Christbescheerung mit einem Bekannten in zwei Localen gewesen, hat Bier und Glühwein getrunken und sich schließlich in der Apotheke noch Sodener Pastillen und etwas zum Mundausspülen geholt. Das thut doch aber kein Mensch, der einen Selbstmord plant.

Die Möglichkeit des Arsenikessens ist bei Frau Schrön ausgeschlossen nach ihrem ganzen Charakter, auch bei der Quantität des bei ihr vorgefundenen Arseniks. Eine Anregung von dritter Seite wäre bei ihrem sittlichen Gefühle auf ernsten Widerstand gestoßen. Auch beim Bürgermeister liegt bezüglich des Arsenikessens nichts vor als eine am Biertische gethane Aeußerung. Der Bürgermeister ist nicht wieder auf die Frage zu sprechen gekommen. Die Persönlichkeit Schrön's schließt aus, daß er Arsenikesser war, er würde sich vorher in Büchern orientirt haben. Wenn Schrön ohne Receptur Arsenik genommen hätte, sollte er dann bei den schweren Krankheitserscheinungen nicht sofort den Arzt gesagt haben: ›Gebt mir ein Mittel gegen Arsenik‹? Schrön hing am Leben. Die von ihm gebrauchten Worte: ›Da freß ich ein (oder zehn) Pfund Gift‹ sind nur eine landläufige Redensart in drastischer Form. Daß Schrön seiner Frau das Arsenik nicht wider Willen gegeben hat, geht aus zwei Momenten hervor. Am Tage der Erkrankung der Frau Schrön war er um 6 Uhr mit Herold spazieren gegangen und kam erst gegen 10 Uhr zurück, er war also gar nicht da, als seine Frau das Gift nahm. Er konnte ja auch nicht wissen, ob seine Frau an jenem Abend gerade die Chocolade wärmen würde und schließlich hätte er doch da sein wollen, wenn er an seiner Frau eine so gefährliche Probe machte. Ferner hat ja, wie die Töchter Schrön's angegeben haben, dieser nach dem Tode seiner Frau die Absicht geäußert, sie seciren zu lassen, und ist erst auf Anrathen seiner Töchter davon abgekommen. Er würde es aber doch wohl nicht gethan haben, wenn Frau Schrön an den Folgen einer von ihm verursachten Arsenvergiftung gestorben wäre. Es kommt nun die Möglichkeit einer zufälligen Vergiftung in Betracht. Bei der genauesten Durchsuchung der Wohnung Schrön's und der Zimmer auf dem Rathhause ist nicht der mindeste Gegenstand, der Arsenik enthielt, gefunden worden. Es ist aber nachgewiesen, daß Schrön Arsenik in weißem, gestoßenem Zustande in einer Kruke verschlossen mit dem Giftzeichen, erhalten hat. In der Hauptverhandlung hat Mendel zwar von einem Gläschen gesprochen, Wackenroder, der das Gift zurecht gemacht hat, hat aber behauptet, es sei eine Kruke und kein Gläschen gewesen. Von der Kruke könnte das Gift herrühren. Auffällig ist nun, daß die Angeklagte von der Kruke nichts wissen will. Bei der Giftschürze hat der Vater die Angehörigen gewarnt, die Angeklagte erzählt, wie vorsichtig sie gewesen sind; die stecknadelkopfgroßen Stäubchen wurden zusammengekehrt, damit der Vater, wenn er abends etwas äße und ihm ein Bissen herunterfiel, nicht Schaden leide. Derselbe Mann soll nun seinen Angehörigen nichts davon gesagt haben, daß er eine große Menge Gift in der Wohnung habe?

Die Schwester der Schrön hat ebenfalls ein Beispiel von der Vorsichtigkeit ihres Vaters angegeben, derselbe hat seine Angehörigen ernstlich davor gewarnt, von dem Karlsbader Salz zu gebrauchen, welches ihm vor längerer Zeit verordnet war. Bei dieser Sachlage ist es außerordentlich auffällig, ja fast unmöglich, daß er von der Arsenik-Kruke nichts gesagt haben soll. Wird der Tod der Schrön'schen Eheleute auf einen Unglücksfall zurückgeführt, so muß die Mutter die Speise allein genossen haben, dann hat die Giftquelle sechs Wochen lang geruht, der Tod des Vaters ist hierauf durch sie herbeigeführt worden und nunmehr ist die Giftquelle verschwunden, denn die sorgfältigste Haussuchung hat nichts zu Tage gefördert. Es mußte aber doch mindestens ein, wenn auch nur geringes Restchen vorhanden sein, wenn der Zufall sein Spiel gehabt hat. Mit einer derartigen Construction der Möglichkeiten und des Zufalls ist aber nicht zu rechnen.

Ist aber das Gift von dritten Personen in einer Tödtungsabsicht den Schrön'schen Eheleuten beigebracht worden, dann kann es nur in der Wohnung geschehen sein, im ersten Fall gegen 10 Uhr, im zweiten gegen 8 Uhr abends. In der Wohnung aber war außer den Schrön'schen Eheleuten nur die Angeklagte. Auf diese richtete sich dann auch der Verdacht und dieser fand erhebliche Unterstützung.

Zunächst waren es die gleichartigen Krankheitserscheinungen bei Vater und Mutter, dann aber auch das auffällige Benehmen der Angeklagten gegen Dr. Müller, den sie nach der Section fragte, ob der Papa noch alles habe, ob nicht Magen, Leber und Niere mitgenommen seien. Wie konnte die Angeklagte darauf kommen, die nur wußte, daß ihr Vater secirt wurde, um zu sehen, ob er am Typhus gestorben sei. Hierzu treten die Momente, welche sie als der That verdächtig erscheinen lassen. Die Angeklagte hat es über sich gebracht, als zärtlich geliebtes Kind ihre Eltern jahrelang auf demjenigen Puncte, welcher das Elternherz am meisten berührt, systematisch auf das Frivolste und Unglaublichste zu täuschen. Mit unglaublicher Raffiniertheit hat sie die Vorstellung aufrechterhalten, daß sie verlobt sei. Nachdem der Herr Staatsanwalt in längeren Ausführungen die Schwindeleien, welche die Schrön bezüglich ihrer Verlobung gemacht hat, beleuchtet, wandte er sich zu dem Verhältniß der Schrön mit dem Schauspieler Korb und schilderte, wie dieselbe, unter systematischer Täuschung ihrer Eltern nach Taucha heimlich gereist ist. Der Herr Staatsanwalt widerlegte die Behauptung der Schrön, das Verhältniß sei nur eine Schrulle gewesen, und legte die Momente dar, welches dasselbe als ernstgemeintes hinstellen. Die Lage der Schrön bezüglich ihrer Verlobung sei sehr kritisch gewesen, neue Vorwände, sie hinauszuschieben, habe sie nicht finden können, daneben sei das Verhältniß mit Korb und das Streben nach irdischen Besitz gegangen. So ganz interesselos sei die Angeklagte der Erbschaft gegenüber nicht gewesen, das beweise ihre Aeußerung dem Stadtrath Ronniger gegenüber.

Das sei der Standpunct der Anklage bei Abschluß der Voruntersuchung gewesen. Die Beweisaufnahme habe denselben jedoch geändert. Nach den Zeugenaussagen habe der Hauptsachverständige sein Urtheil abändern müssen, auf der anderen Seite sei aber das Beweismaterial vertieft worden, denn die Aussage Wöllmer's ergebe mit Bestimmtheit, daß die Angeklagte sich mit Vergiftungsgedanken getragen habe. Nach Ansicht der königl. Staatsanwaltschaft besteht nach wie vor der dringende Verdacht, daß die Angeklagte des ihr zur Last Gelegten schuldig ist, auf Grund der veränderten Sachlage glaube aber der Herr Staatsanwalt sich eines bestimmten Antrags enthalten und die Verantwortung der Schuldfragen in das pflichtgemäße Ermessen der Herren Geschworenen stellen zu sollen.

Herr Rechtsanwalt Dr. Zehme (als Vertheidiger der Angeklagten) führte aus, daß bis jetzt kein Zweifel darüber bestände, daß die Schuld der Angeklagten nicht erwiesen, die Anklage nicht begründet sei. Die Angeklagte, nachdem sie elf Monate unter dem schweren Verdacht gestanden hat, ihre Eltern ermordet zu haben, hat ein Recht darauf, sich gerechtfertigt zu sehen von der Anklage und auch in der öffentlichen Meinung gerechtfertigt zu werden. Der Hauptverdachtsmoment besteht darin, daß zwei Todesfälle unter denselben Symptomen kurz hintereinander vorgekommen sind. Daraus folgt, daß, wenn der Vater nicht an Arsenik gestorben ist, das Hauptmoment fällt. Es ist aber der Beweis, daß der Vater an Arsenvergiftung gestorben ist, nicht geführt. Der Herr Sachverständige sagt, daß sehr große Wahrscheinlichkeit dafür spräche. Das ist aber noch nicht positive Sicherheit. Das Ableben des Vaters kann auch durch natürliche Erkrankung möglicherweise herbeigeführt worden sein. Bei der Frau Schrön ist es zweifellos, daß sie an Einführung von Arsen gestorben ist. Von Anfang an ging die Anklage von der Chocolade aus. Welche Beweise sind aber dafür? Die Angeklagte selbst hat erzählt, daß ihre Eltern nach dem Genuß der Chocolade erkrankt wären, eine Giftmörderin macht aber doch nicht auf den Stoff aufmerksam, der der Giftträger gewesen ist. Sobald aber die Chocolade als solcher ausgeschieden ist, fehlt jeder Anhalt. Es sind eine Reihe von Möglichkeiten und Zufälligkeiten vorhanden, daß das Gift durch einen unglücklichen Zufall von den Schrön'schen Eheleuten genossen sein kann.

Der Herr Vertheidiger kommt dann in eingehender Weise darauf zu sprechen, daß Schrön möglicherweise Arsenesser gewesen sei und seiner Frau eine zu starke Dosis gegeben haben kann. Damit erkläre sich dann auch das, was Schrön auf dem Sterbelager zu Wilhelm sagte: ›Ach, wenn Sie wüßten, was für Gram ich ausstehe.‹ Er stellt die verschiedenen Momente zusammen, die für die Annahme sprechen, daß doch ein Selbstmord Schrön's vorliegen könne.

Herr Dr. Zehme schildert dann den Charakter der Angeklagten, die allseitig als gut und liebevoll und voll hingebender Zuneigung zu ihren Eltern bezeichnet wurde, und kommt zu dem Ergebniß, daß die liebende Tochter von heute morgen die Giftmischerin ihrer Eltern sei und diesen durch Arsenik einen so qualvollen Tod bereitet hätte. Welch eine Intensität des Willens und eine Verworfenheit des Charakters gehörte dazu, an den eigenen Eltern eine solche That zu verüben. Es müßte ein Ungeheuer in Menschengestalt sein, und ich glaube nicht, daß die Angeklagte es war. Es fehlt aber auch das Motiv für die That. Die Schwindeleien bezüglich des Bräutigams und das Verhältniß mit Korb finden ihre Erklärung in dem nervös-hysterischen Zustand der Angeklagten. Die Angeklagte stand mit ihren Eltern so gut, daß wir wohl glauben können, wenn sie sagt, daß ihre Eltern, wenn sie die Schwindelei mit Baumann ihnen gestanden hätte, wohl anfangs sehr böse gewesen wären, ihr dann aber wohl verziehen hätten. Von Seiten der königlichen Staatsanwaltschaft sei auch dem Verhältniß mit Korb zu große Bedeutung beigemessen worden. Die Angeklagte ist nicht das erste Mädchen aus guter Familie, das sich für einen Schauspieler interessiert, ihm Briefe schreibt und ihn um eine Locke bittet.

Durch den Tod ihrer Eltern sei die Angeklagte in eine schlechtere materielle Lage gekommen, das Erbtheil sei ein Nothpfennig, der nicht zum Lebensunterhalt reiche. Die Angeklagte sei durch eine unglückliche Verkettung von Umständen unter einen so schweren Verdacht gekommen, die Herren Geschworenen aber würden, wenn sie die Gründe, die für und diejenigen, die gegen die Angeklagte sprächen, in die Waagschale legten, zu der Ueberzeugung kommen, daß die Anklage gewogen und zu leicht befunden worden sei. Er überantworte ihnen vertrauensvoll das Schicksal der Angeklagten, überzeugt, daß sie durch Verneinung der Schuldfragen die Freisprechung herbeiführen würden

Nach empfangener Rechtsbelehrung zogen sich die Geschworenen zurück. Nach halbstündiger Berathung gelangten sie zum Wahrspruch, der durch den Obmann verkündet wurde. Durch denselben wurden alle Schuldfragen verneint.

Der Gerichtshof sprach auf Grund dieses Wahrspruchs die Angeklagte Fanny Frieda Schrön von der Anklage der Ermordung ihrer Eltern frei und legte die Kosten des Verfahrens der Staatscasse auf. Der Herr Vorsitzende ordnete die sofortige Freilassung der Freigesprochenen an.

Nachdem der Obmann noch einige Worte des Dankes an den Herrn Vorsitzenden und den Gerichtshof gerichtet, wurde die diesjährige vierte Quartalsperiode des königl. Schwurgerichts geschlossen.«

»Also freigesprochen vom Verdacht des schrecklichsten Verbrechens, das die Welt kennt, gerechtfertigt tritt Frl. Schrön nach 10 monatlicher Gefangenschaft wieder hinaus in die Welt. Ob sie aber jetzt noch die die lebensfrohe Jungfrau,

das sorglose Kind von ehedem ist, das ist eine ganz andere Frage. Der ominöse Verlust beider Eltern, die unsägliche
Last des Verdachtes, die Schauer der Gefängnißwände, die
Strapazen der Untersuchung, die Fluth der Schmähungen,
Verwünschungen und Beschuldigungen, welche von Seiten
der urtheilsschnellen Menge sich über die Aermste ergos-
sen, auch die schonungslose öffentliche Preisgebung ihrer
Herzensneigung werden ihren Eindruck nie von ihrer Seele
nehmen, die schuldlos so unbeschreiblich viel leiden mußte.

Es ist uns eine Genugthuung, daß wir in unserer früheren
Broschüre, die den Fall nach Hören-Sagen schildert, sowohl
als auch während der ganzen Verhandlung das Vertrauen zu
der nunmehr gerechtfertigten Jungfrau auch keinen Augenblick verloren haben. Wir hätten schlechte Physiologen und
Psychologen sein müssen, hätten wir das treuherzige Kind,
das wir mit herzlichem Bedauern auf der Anklagebank sitzen sahen, auch nur einen Augenblick für eine Mörderin
halten können. Wie rein und wahrhaftig klang ihr Geplau-
der, wenn sie zu ihrer Vertheidigung zu sprechen genöthigt
war; ja, da glaubte wohl keiner ihrer Richter mehr an die
schwere Schuld! Und doch mußte sie die lange viertägi-
ge, peinliche Verhandlung über sich ergehen lassen – zur
Genüge des Gesetzes! Noch mehr; denn obwohl von vorn
herein ja eigentlich gar keine Belastungszeugen vorhanden
waren, mußte doch die lange, schwere Untersuchung über
die Bedauernswerthe, die nur ein Opfer müßiger Gerüchte und unnatürlichen Mißtrauens geworden war, verhängt
werden – wieder zur Genüge des Gesetzes!

Aber wie wird nun das Gesetz der so namenlos Beleidig-
ten Genüge thun? Es steht ihm bis jetzt nichts zu Gebote, als
einige freundliche Worte. Die Nachreden, mit denen die ge-
schwätzige Fama nimmer ruhen wird, den Schatten, den die
Untersuchung auf die ehemals so schwer Beschuldigte warf,
wird das Gesetz niemals beseitigen können; es besitzt noch
nicht einmal das Mittel, unschuldig Verdächtigte, Eingeker-

kerte und Verurtheilte materiell zu entschädigen. Das Gesetz hat noch eine schon oft schwer erfundene Lücke: Jeder Mensch muß sein Fehl und Unrecht dem Gesetze gegenüber sühnen; aber das Gesetz sühnt seine Fehler und Unrechte dem Verletztem gegenüber noch nicht!

Drum sühne du es, öffentliche Meinung! Gieb der Schuldlosen ihre volle bürgerliche Ehre wieder, tröste die Arme und richte sie auf, wo du kannst. Es ist deine Pflicht, alles wieder gut zu machen, was du durch deine Gerüchte an der unschuldigen, ohnehin durch den Verlust der Eltern so schwer geprüften Fanny Schrön begangen hast.

Das Gesetz aber möge sich in dieser Beziehung bald vervollkommnen!«

Das Gesetz hat sich noch im Kaiserreich vervollkommnet, und unschuldig in Untersuchungshaft Gesessene werden für ihre Gefängnistage entschädigt. Fanny Schrön führte fortan an beinahe unauffälliges Leben. Das Volksgedächtnis weiß, dass sie später in einem Leipziger Lokal bediente. Die Gaststube sei immer gut gefüllt gewesen, auch von jenen, die einmal nur eine vermeintliche Elternmörderin zu sehen wünschten.

Quellen

Akten aus den Staatsarchiven Sachsens

Zeitungen der Vergangenheit und Gegenwart, vor allem: *Leipziger Volkszeitung, Dresdner Volkszeitung, Dresdner Neuste Nachrichten, Leipziger Neuste Nachrichten, Chemnitzer Neuste Nachrichten, Leipziger Tageblatt*

Internet und Suchmaschinen

Charles Warren Adams: *Das Mysterium von Notting Hill.* Berlin 2014

Egon Eis: *Die toten Augen von London.* Film. 1961. Regie: Alfred Vohrer

Paul Elgers: *Die Marquise de Brinvilliers.* Rudolstadt 1964

Bruno Hampel: *Steig ein und stirb.* Film. 1973. Regie: Günter Gräwert

Jan Hanussen: *Meine Lebenslinie.* Neu-Isenburg 2009

Friedrich Herber: *Sezierte Wahrheit.* Leipzig 2000

Hans W. Loewald: *Das Dahinschwinden des Ödipus-Komplexes.* Stuttgart 1986

Vladimir Nabokov: *Verzweiflung.* Reinbek 1972.

Hans Pfeiffer: *Plädoyers.* Berlin 1970

Edgar Wallace (Hg.): *Kriminalmagazin.* Leipzig. 1927 ff

Edgar Wallace: *Die toten Augen von London.* Leipzig 1938